国家社会科学基金项目（11CGL041）
"生产性服务创新推动制造业升级的模式研究"结项成果

张 琰 著

生产性服务推动制造业升级研究

——价值链集成商主导下的模式与路径

华东师范大学出版社
·上海·

图书在版编目（CIP）数据

生产性服务推动制造业升级研究：价值链集成商主导下的模式与路径 / 张琰著. —上海：华东师范大学出版社，2021

ISBN 978-7-5760-2134-9

Ⅰ.①生… Ⅱ.①张… Ⅲ.①制造工业-产业结构升级-研究-中国 Ⅳ.①F426.4

中国版本图书馆 CIP 数据核字(2021)第 189589 号

华东师范大学新世纪学术出版基金资助出版

生产性服务推动制造业升级研究
—— 价值链集成商主导下的模式与路径

著　　者　张　琰
组稿编辑　孔繁荣
项目编辑　夏　玮
审读编辑　程云琦
责任校对　刘伟敏　时东明
装帧设计　高　山

出版发行　华东师范大学出版社
社　　址　上海市中山北路 3663 号　邮编 200062
网　　址　www.ecnupress.com.cn
电　　话　021-60821666　行政传真 021-62572105
客服电话　021-62865537　门市（邮购）电话 021-62869887
地　　址　上海市中山北路 3663 号华东师范大学校内先锋路口
网　　店　http://hdsdcbs.tmall.com/

印　刷　者　常熟高专印刷有限公司
开　　本　787×1092　16 开
印　　张　12
字　　数　192 千字
版　　次　2021 年 10 月第一版
印　　次　2021 年 10 月第一次
书　　号　ISBN 978-7-5760-2134-9
定　　价　58.00 元

出 版 人　王　焰

（如发现本版图书有印订质量问题，请寄回本社客服中心调换或电话 021-62865537 联系）

序

2021年初国家统计局发布公告称，2020年"全年国内生产总值为1 015 986亿元，比上年增长2.3%。其中，第一产业增加值77 754亿元，增长3.0%；第二产业增加值384 255亿元，增长2.6%；第三产业增加值553 977亿元，增长2.1%。第一产业增加值占国内生产总值比重为7.7%，第二产业增加值比重为37.8%，第三产业增加值比重为54.5%"。从这些数据可以看出，我国第三产业对GDP的贡献占比已经超过50%，远远超过第二产业，但与发达国家国内生产总值中第三产业增加值占比通常高达70%相比，我国的产业结构依然有进一步演化调整的空间。按照钱纳里（Hollis B. Chenery）教授提出的经济发展与工业化标准模式来看，我国还仅仅处于工业化后期的前期阶段，工业化还没有完成。因此，随着工业化的进一步发展，我国三次产业的结构比例还会进一步调整。其中特别要发展高技术新型制造业，加速发展服务业，尤其是与新型制造业相匹配的现代生产性服务业。

一

工业化后期是服务经济时期，服务业将成为经济发展的主导性产业，其中生产性服务业尤其是现代高端生产性服务业需要大发展。然而，我国生产性服务业相对制造业长期发展迟缓，甚至呈现出落后于制造业发展的状态，这是我国产业体系和产业结构存在问题的一个重要原因。发展现代生产性服务业的目标是促进我国制造业高端化发展。制造业高端化发展不应该是简单地只考虑原有制造业的转型升级，还需要引进发展一些战略性新兴产业。发展战略性新兴产业不应该只是在老的制造业生产方式、制造模式里面兜圈子，而应该是要目标远大,努力朝向引领未来新一轮技术革命、工业革命的新生产方式转变,实现新型制造业与现代生产性服务业融合协同发展。

当前全球新技术革命与消费变化将促进形成新型产业体系,即基于新一代互联网的智能生产性服务体系。这一体系的核心是为了实现智能化、大规模、个性化定制的生产与服务,满足消费者全新的个性化需求。这一体系的核心也是新一代智能制造与智慧生产性服务的融合。美国、德国、日本等发达国家正在大力推进和发展的工业4.0、工业互联网、智慧供应链、大数据通信等都是与智能制造融为一体,形成新型产业业态与运行新模式,挑战传统制造业与服务业的相对分离。从这些事实中可以看出,先进制造业与现代生产性服务业的融合协同发展已经是新型产业体系演进中最重要的趋势。

现代生产性服务业是指知识密集度高,依靠新兴技术与专业知识,服务于生产过程,具有高附加值特性的服务业,主要包括大数据分析产业、工业互联网、金融业、信息与5G通信服务业、供应链管理、科学研究与技术服务业、商务服务业等等。现代生产性服务业具有如下特征:(1)较强的产业关联性;(2)人力资本和知识资本密集;(3)高度依赖新技术和创新;(4)需求主要来自技术与知识密集型制造业和生产性服务业自身,并且呈现国际化的趋势。

我认为,从现在到未来,现代生产性服务业的发展有以下四个趋势。

趋势一:为服务业服务的现代生产性服务业大量兴起。

在以美国、日本、德国和英国等为代表的后工业化社会阶段,大都市经济转向服务经济,为生产性服务业服务的服务业成为主流趋势。如纽约和东京发达的非银行金融服务,包括金融衍生产品、融资租赁、信用担保、风险投资等。又如发达国家中心城市近期新出现的大量生产性服务业形态:制造和维修服务,如总集成和总承包、大型设备的维修等;节能与环保服务,如合同能源管理、节能工程咨询、碳交易管理等;先进物流服务,如第三方物流、代理仓储等;电子商务;设计创意服务和研发测试服务;供应链管理服务;职业教育培训和人事代理服务;等等。其中,大多数是兼做制造业和服务业业务,或仅为服务业开展服务的新兴行业。这些新的服务业形态由于处在价值链的高端,或者能够帮助制造业走向价值链的高端,如今已经成为各国竞争的焦点。

趋势二:现代生产性服务业的技术知识密集度不断加大。

生产性服务业呈现知识密集和人力资本密集的特征,尤其是和制造业价值链紧密结合的嵌入式生产性服务业以及为服务业服务的服务业更是如此。例如，从服务产出来看，为客户提供知识的生产、传播和使用等服务；从服务提供手段来看，要素偏向是密集使用技能型劳动力，即从业人员大都具有良好的教育背景、专业知识基础和技术与管理等核心能力。嵌入式生产性服务业作为制造业的中间投入，所内含的知识资本、技术资本和人力资本，可以大幅度地提高制造业的附加值和国际竞争力。

生产性服务有两个特点：技术知识密集型和差异化。知识的获取需要大量的初始投资，而一旦投资，边际成本则相对较少，因此在这些领域，规模经济发挥着很大作用。这样，有能力使其产品差异化的企业便拥有较强的市场势力，从而使服务业处于垄断竞争的市场格局。此外，在柔性的知识技术主导型生产体系中，生产性服务业和制造业相互融合。作为制造业的中间高级要素投入，高知识含量的生产性服务嵌入制造业的价值链环节，将降低制造业的生产成本，提高制造业产品的差异化程度和创新能力，从而有利于制造业产业升级。

趋势三：现代生产性服务业的价值链也呈现全球分布态势。

服务环节是制造环节价值实现的关键，工业化后期经济增长的本质是由服务业主导的增长。从动态角度分析价值链，会发现越来越多的价值链的增值空间开始向其两端的生产性服务环节集中，而作为中间环节的加工组装等生产环节的增值空间则日益萎缩，越来越受制于位于高端的服务业环节。所以，跨国公司开始专注于产业链中创造价值的高端活动，把与技术活动和市场活动等有关的服务业务牢牢抓在手中，而把缺乏比较优势的制造活动转移出去，从而使自己逐步成为从事服务增值为主的专业化服务厂商。在这方面，最典型的是美国 GE 公司和 IBM 公司。这些企业成功实现了转型，从制造业企业升级为服务型企业。而随着分工的深化和拓展，以及跨国公司对其价值链分布的全球治理，生产性服务的价值链也随着地区比较优势和规模优势而呈现全球分布态势。信息产业的一些应用软件行业就是如此，高端研发在美国硅谷，大量的设计编程在印度班加罗尔，测试分装在中国，营销管理和财务控制又在美国纽约。

趋势四：高端制造业和现代生产性服务业深化融合。

随着以信息技术为核心的高新技术的快速发展和扩散，制造业服务化和以产业边界模糊或消融为特征的产业融合作为新兴业态已经出现，IBM 公司和思科公司就是例子。制造业和服务业融合的趋势模糊了二者的各自边界。生产性服务业开始由制造业而生，并逐步呈现出互动发展和融合的趋势。一方面，制造业的中间投入品中服务投入所占的比例越来越大，如在产品制造过程中信息服务、员工培训服务、研发和销售服务的投入日益增加。另一方面，制造业服务化的趋势日益明显，这主要体现在：(1) 制造业的产品是为了提供某种服务而生产，如通信产品和家电等；(2) 随同产品一起出售的有知识和技术服务等，最明显的例子就是计算机与信息服务紧密相连；(3) 服务引导制造业部门的技术变革和产品创新，服务的需求与供给指引着制造业的技术进步和产品开发方向。实际上，在制造业服务化的同时，服务产业化的趋势也逐渐明朗，某些信息产品可以像制造业一样批量生产，形成规模经济优势。

二

在上述背景下，研究我国现代生产性服务业与制造业的融合发展一直是一个重要的理论与现实问题。早在 2010 年，我就专门研究生产性服务业以及生产性服务业与制造业匹配在我国发展的问题，先后主持了国家工业和信息化部与上海市政府委托的两项这方面的课题，研究期间撰写了研究报告、发表了论文，把生产性服务业分成嵌入与非嵌入两类，并最早提出形成不同的生产性服务业发展模式。这些观点受到了一致好评。2012 年，我们还出版了专著《基于价值链重构：上海生产性服务业与先进制造业动态匹配研究》，此专著被列入"十二五"国家重点图书出版规划项目。之后，我一直关注生产性服务业与制造业融合发展的议题，遗憾的是未能进一步深入研究下去。

张琰博士是我的学生，曾经跟随我攻读产业经济学博士学位。毕业之后，她去了华东师范大学商学院做老师，教书育人之余科研任务也非常重。几年前，她告诉我申请获得了国家社科基金研究项目"生产性服务创新推动制造业升级的模式研究"。自然我很为她高兴，希望她可以做出超越我们的成果。前几天，张琰来信，希望我能够为她的以国家社科基金研究项目成果为核心而形成的专著《生产性服务推动制造业升级研究——价值链集成商主导下的模式与路径》作序。我一看此题目，便欣然同意，因为我可以先睹为快，特别是可以看看她的研究当中究竟取得了哪些重要的新突破。

在她的这本著作中,我看到了许多创新的方面,有的甚至是突破性成果。归纳起来,主要有三个创新结论。

第一,生产性服务创新的本质是生产性服务业与制造业产业链知识协同和集成。知识的协同与集成是生产性服务与制造业互动发展的核心内容。生产性服务为制造业提供中间投入,是制造业得以顺利开展的重要支撑和保障,具有极强的制造业产业链上下游嵌入关系,并在与制造业的互动发展中实现创新。因此,生产性服务业创新成果产出,无论是新的技术理论、新的产品系统、新的服务流程,抑或服务传输机制的改进,本质上都属于知识的范畴;而这些知识的转移、共享和创新,需要制造业与生产性服务业产业链上下游成员的协同促进和整合集成才能够实现。

第二,生产性服务创新应该助力价值链集成商主导下的制造业升级模型。研究证明,因为生产性服务嵌入制造业价值链,因此生产性服务创新的重要方面就是助力形成价值链集成商主导下的基于嵌入关系形成的集成模式,这一新模式被称为"生产性服务价值链集成商主导下的制造业升级模型"。该模型描述了生产性服务嵌入制造业价值链,通过价值链集成商主导的集成创新,最终推动产业升级的基本过程。这一新模式抓住了产业价值链集成商在产业体系中的内生比较优势,准确反映了价值链集成商在推动制造业产业升级中的重要作用。这对于我国加快制造业向高端转型升级、提高产业国际竞争力,实现产业高质量发展有着重要的参考价值。

第三,生产性服务创新推动制造业转型升级有四条重要路径。通过对美国、韩国、印度、以色列发展生产性服务业的国际经验进行比较,在深入阐述价值链集成商主导模式之后,发现生产性服务创新实现制造业转型升级有四条主要实施路径,即研发设计生产性服务商主导推动的产业升级、品牌与渠道生产性服务商推动的产业升级、平台服务商推动的产业升级,以及供应链生产性服务集成商推动的产业升级。这四条路径对我国现阶段不同制造业行业领域借助相关生产性服务创新实现产业升级具有重要的指导意义。

感谢张琰博士的研究与创新见解。我认为,"十四五"期间,我国现代生产性服务业与制造业必将创造新的辉煌、新的成就,目标是建设具有国际竞争力的现代产业体系。为此，需要有跨越与赶超的勇气和动力，通过生产性服务创新发展，支持大数据、技术信息、交易信息、物流信息、支付信息、认证信息交换与集成，重点发展工业互联网平台、智慧物流服务、科技创新服务和高端商务服务等现代高端生产性服务业，实现高端生产性服务与智能制造、先进制造联动创新融合，建设"双循环"战略下我国面向未来的具有国际竞争力的现代产业体系。

是为序！

芮明杰

于复旦大学思源楼

2021年8月

目　录

前　言 ··· 1

第一章　绪论 ··· 1
　　第一节　研究背景 ··· 1
　　第二节　研究思路与方法 ·································· 13
　　第三节　研究内容与框架 ·································· 15
　　第四节　研究目的与价值 ·································· 17

第二章　文献综述与国际经验比较 ··························· 19
　　第一节　文献综述 ·· 19
　　第二节　国际经验比较研究 ································ 27

第三章　产业关联与嵌入机理 ······························· 42
　　第一节　生产性服务业概述 ································ 42
　　第二节　嵌入关系与互动机理分析 ·························· 45
　　第三节　生产性服务业与制造业产业关联分析 ················ 48
　　第四节　生产性服务外部化的经济学分析 ···················· 60
　　本章小结 ·· 66

第四章　生产性服务创新与产业升级模式 ····················· 68
　　第一节　概念释义与理论模型 ······························ 68
　　第二节　生产性服务创新推动制造业升级的过程 ·············· 74
　　第三节　支撑体系 ·· 81
　　本章小结 ·· 87

第五章　产业升级的实施路径 ·············· 89
第一节　研发设计生产性服务商主导推动的产业升级 ······· 89
第二节　品牌与渠道生产性服务商推动的产业升级 ········· 94
第三节　平台服务商推动的产业升级 ················· 98
第四节　供应链生产性服务集成商推动的产业升级 ······· 102
第五节　四种路径的比较与适用产业建议 ············· 104
本章小结 ···································· 107

第六章　生产性服务创新绩效的影响因素 ·········· 108
第一节　创新绩效影响因素作用机理 ················ 108
第二节　研究设计与问卷回收 ····················· 118
第三节　描述性统计 ····························· 119
第四节　变量设计、信度与效度分析 ················ 120
第五节　因子分析 ······························ 125
第六节　回归分析 ······························ 126
第七节　实证分析结论 ·························· 131
本章小结 ···································· 133

第七章　政策分析与建议 ····················· 134
第一节　政府角色定位与政策设计逻辑思路 ··········· 134
第二节　优化生产性服务业发展的顶层设计 ··········· 137
第三节　引导生产性服务业对传统制造业的升级改造 ···· 144
第四节　集中优势资源实现产业突破 ················ 149

第八章　结论与展望 ························ 157
第一节　研究结论 ······························ 157
第二节　研究展望 ······························ 160

参考文献 ································ 163

图目录

图 1-1　工业 4.0 的核心技术特征与变革 …………………………… 3
图 1-2　2007—2019 年中国制造业总产值走势图 …………………… 6
图 1-3　2004—2018 年中美日德制造业增加值 ……………………… 6
图 1-4　研究技术路线图 ………………………………………………… 15
图 1-5　研究内容与结构框架图 ………………………………………… 17
图 3-1　生产性服务业嵌入制造业价值链关系 ………………………… 46
图 3-2　产业升级过程中制造业和生产性服务业的互动机理 ………… 47
图 3-3　生产性服务外部化的选择要素 ………………………………… 66
图 4-1　生产性服务从制造业分离过程中集成创新的主体 …………… 69
图 4-2　生产性服务创新的内容及联结关系 …………………………… 72
图 4-3　价值链集成商主导的集成创新推动产业升级模型 …………… 73
图 4-4　产业链纵向分解模式 …………………………………………… 75
图 4-5　价值链集成商形成后的产业链关系 …………………………… 76
图 4-6　生产性服务企业与制造业企业集成创新过程 ………………… 78
图 4-7　微笑曲线与制造业产业升级 …………………………………… 80
图 4-8　生产性服务业创新的支撑体系构造及要素关系 ……………… 82
图 5-1　怡亚通商业模式图 ……………………………………………… 103
图 6-1　嵌入性关系对创新绩效的作用机制 …………………………… 111
图 6-2　组织间学习与创新绩效作用机制 ……………………………… 113
图 6-3　嵌入性关系与组织间学习作用机制 …………………………… 115
图 6-4　主要变量间的作用关系 ………………………………………… 117
图 6-5　实证研究的理论模型 …………………………………………… 117

图 6-6　因变量对自变量做回归的散点图 …………………… 127
图 6-7　加入中介变量后的散点图 ……………………………… 128
图 7-1　推进生产性服务业发展的政策设计逻辑思路 ………… 137

表目录

表 1-1　大中型高技术产业(制造业)企业 R&D 及相关活动情况 …… 7
表 2-1　IBM 的转型发展历程 ……………………………………… 29
表 3-1　生产性服务业的产业范围 ………………………………… 43
表 3-2　我国三次产业和主要部门增加值总量与比重 …………… 52
表 3-3　生产性服务业占第三产业增加值比重 …………………… 53
表 3-4　第二、三产业直接消耗系数 ……………………………… 54
表 3-5　制造业与生产性服务业内部各产业的直接消耗系数表
　　　　(2015) …………………………………………………… 55
表 3-6　三大产业的中间投入率 …………………………………… 56
表 3-7　生产性服务业内部各行业的中间投入率 ………………… 56
表 3-8　三大产业和部分产业部门的中间需求率 ………………… 57
表 3-9　生产性服务业在各产业的中间需求分析(2015) ………… 58
表 3-10　制造业与生产性服务业的感应度系数和影响力系数
　　　　(2015) …………………………………………………… 58
表 3-11　整体制造业对生产性服务业内部各行业的影响力系数和
　　　　感应度系数表(2015) …………………………………… 59
表 4-1　价值集成的方式 …………………………………………… 70
表 5-1　价值链集成商主导模式的实现路径比较及适用产业领域
　　　　建议 ………………………………………………………… 106
表 6-1　调研对象人口统计学的描述性统计 ……………………… 119
表 6-2　变量分类列表 ……………………………………………… 121
表 6-3　嵌入性关系信度与效度分析 ……………………………… 122

表6-4	组织间学习信度与效度分析	123
表6-5	创新绩效信度与效度分析	124
表6-6	旋转后的因子载荷矩阵及因子得分	125
表6-7	自变量和中介变量的多重共线性分析	127
表6-8	回归分析结果	128
表6-9	研究假设检验结果总表	129
表7-1	生产性服务业培育重点及其建议区域	151
表7-2	培育生产性服务集聚的三种模式	154

前　言

近年来，科技革命和产业变革呈现出新态势，信息技术与互联网的深度融合叠加新能源、新材料等方面的突破，给制造业带来数字化、网络化、智能化等方面的深刻影响。

2008年席卷全球的金融危机后，发达国家纷纷出台制造业刺激计划提振实体经济，促进全球产业分工重构。这一变革恰遇中国加快转变经济发展方式、建设制造强国的历史阶段。自2010年以来，我国制造业生产总值规模始终占据世界首位，经过多年潜心发展，已经建成横跨高中低端较为完整的制造业产业体系链条。2020年中国制造业增加值达26.59万亿元，占全球比重近30%，连续11年居世界第一制造大国地位，实现了总体平稳、稳中有进的良好发展态势，稳步向价值链中高端迈进。然而在取得显著成果的同时，应该清醒地认识到，从产业竞争力来看，我国制造业仍然面临部分"卡脖子"关键技术难题。特别是在当今复杂多变的国际政治经济背景下，中国制造业转型升级实现高质量发展面临更为复杂的外部环境，中国更应该积极探索加快制造业转型发展的路径与模式，突破针对我国高端技术领域的外部封锁，加快创新发展的步伐。

生产性服务促进了制造业生产率的提高，是形成有竞争力的制造业部门的支撑和保障。当前，全球产业结构正逐步从"制造型经济"向"服务型经济"转变，由"生产型制造"向"服务型制造"转型也是中国制造强国的目标。生产性服务业促进了产业融合，推动传统制造业向先进制造业转化，是现代工业新的发展平台和经济增长新的动力源泉。

在这一背景下，关于生产性服务创新以及产业升级的研究日益得到理论和实践界的重视。现有文献关于生产性服务业创新的研究在技术创新、服务创新、知识创新等视角形成了较为丰富的研究成果。生产性服务创新不是孤立地进行，而是在产业链中与制造业协同演进过程中实现的，生产性服务创新与制造业的动态匹配及其支撑要素等问题在已有文献中并没有得到系统分析和阐述。当前，我国明确提出了提升生产性服务业、制造业高质量发展的方向，各地方政府也出台了配套产业政策，然而在实践中应如何确定推动制造业升级的关键产业？结合中国制造业的实际状况，生产性服务创新推动产业升级有怎样的模式和路径可循？这些都成为在理论层面和实践层面需要解答的重要问题。

探索生产性服务业的创新机制，实现与制造业在产前、产中、产后各环节的紧密配合和协同发展，是推动制造业升级的重要内容之所在。生产性服务是为制造业提供中间服务的部门，二者存在价值链嵌入的产业链协同关系，脱离产业链孤立地研究生产性服务业很难准确把握产业链各价值环节动态匹配的创新实质。针对理论和实践层面迫切需要解决的关键问题，本书以价值链创新的视角切入，围绕生产性服务创新推动制造业升级的动力机制、模式路径、实证检验和政策建议四大核心问题，进行深入的研究分析；结合大量统计分析和地方产业实践，回答了生产性服务企业如何更有效地提供创新性中间服务，从而为中国制造业"创新驱动"和"智能转型"的产业升级提供有效支撑。相关结论对于加快我国制造业转型升级具有一定的借鉴和参考价值。

基于以上研究思路，本书主要内容分以下几个层次展开。

一、生产性服务业创新推动制造业升级的动力机制

制造业分工深化提高了生产性服务外包需求，而生产性服务业的壮大又进一步促进制造业的发展。作为服务制造业的中间部门，生产性服务创新推动制造业高质量发展可以界定为两个层次：一是生产性服务业逐步从制造业主体中剥离，推动制造业由附加值较低的加工制造环节向生产性服务环节的演变，进而实现产业融合式发展；二是通过对加工组装等传统低价值附加值生产制造环节的知识资本注入，提高技术水平和专业化程度，实现生产环节向价值链高附加值环节的攀升，从而实现对传统生产作业方式的改造。这两个层次的产业升级均表现为要素资本由低端价值环节向高端价值环节的转移。

本研究基于产业链视角，分析了生产性服务业与制造业的价值链嵌入和互

动关联，以及二者相互依赖的协同演进关系，并在此基础上提出"生产性服务价值链集成商主导的制造业升级模型"，对生产性服务创新推动制造业升级的动力机制进行了分析和阐述。

二、生产性服务价值链集成商主导下制造业升级的实施路径

本研究运用比较研究法和案例研究法对生产性服务价值链集成商主导下制造业升级的实施路径进行研究。通过美国、韩国、印度、以色列发展生产性服务业的国际经验比较，在理论研究的基础上提出生产性服务价值链集成商主导的制造业升级模式。价值链集成商通过对产业链创新资源的选择和集成实现价值链创新绩效的最大化，成为产业升级的主导力量。结合每一领域的经典案例，本书深入阐述了价值链集成商主导模式下实现产业升级的四种主要实施路径，即研发设计生产性服务商主导推动的产业升级、品牌与渠道生产性服务商推动的产业升级、平台服务商推动的产业升级，以及供应链生产性服务集成商推动的产业升级，并针对我国现阶段制造业九大重点产业以及生产性服务业重点发展的方向进行了匹配研究，提出了不同制造业领域借助生产性服务创新实现产业升级的路径建议。本研究得出的结论对于生产性服务企业和制造业升级方向的模式与路径匹配具有一定的借鉴价值。

三、生产性服务业创新推动制造业升级影响要素的实证分析

产业链中，生产性服务企业和制造业企业基于价值链嵌入的集成创新效果受到多种内外部因素的影响。为了研究生产性服务创新推动制造业升级最为关键的影响因素，本书通过访谈和问卷的方式对近150家企业进行调研，构建统计分析模型进行实证检验。研究发现，产业链嵌入关系和组织间学习机制是影响生产性服务创新推动制造业升级绩效的关键因素。

具体而言，在具有产业链嵌入性关系的企业中，信任维、资源维、联结维三个子维度对组织创新绩效均具有正相关关系，说明信任程度、异质性资源，以及相互关系的联结强度对提高组织创新绩效有正向的促进作用；组织间学习在嵌入性关系对创新绩效的影响中具有中介作用，企业间相互信任和异质性

资源的分享促进了知识的获取与共享、转移与吸收及整合与应用，进而提高了创新绩效。

四、生产性服务业创新推动制造业升级的政策建议

我国正面临着实现制造业高质量发展的重要历史阶段，生产性服务将在制造业转型升级中承担重要作用。政府应发挥产业升级的"推进者"和引导者的作用。基于上述主要观点，本书提出生产性服务创新推动制造业升级的对策建议。

我国正处在由制造大国走向制造强国的发展趋势之中，这种转变也是为了实现产业高质量发展的目标。本书的主要观点和研究价值体现在以下几个方面。

首先，有助于树立生产性服务业发展的新理念，更加注重产业发展的融合性。本研究提出"两业融合"促进制造业服务化，实现服务型制造，加快整合生产性服务业资源，促进制造业产业结构调整升级。

其次，有助于找准提升制造业内涵的关键环节，更加注重产业发展的科学性。当前，在国家加快发展生产性服务业的政策刺激下，一些地区出现一哄而上发展生产性服务业的倾向，忽视了对产业内生性发展规律的分析，很难对产业升级起到实质性的推动作用。本研究结合重点制造业和生产性服务业领域，分析了不同模式下通过生产性服务创新实现制造业升级所需要的资源条件，为地方政府结合本地区产业状况选择重点生产性服务业、培育价值链集成商提供了参考路径和依据。

再次，有助于政府提供切实有力的保障措施，更加注重产业发展的实效性。本研究分析了生产性服务推动制造业发展的内生动力、外部环境、运行保障和激励机制四大支撑体系，有助于政府较为全面地提出促进生产性服务业创新的政策设计，并结合本地区的产业发展现状找准现代服务业的定位，集中优势力量重点突破。

从学术价值方面，"价值链集成商主导的集成创新模型"弥补了现有文献关于生产性服务创新问题研究视角的不足，客观反映了价值链上生产性服务业和制造业基于价值链嵌入的创新过程理论抽象。本研究将生产性服务创新问题放置于整个产业链的背景中，将制造企业与生产性服务企业理解为产业链上协同

合作的创新主体，并将生产性服务创新推动产业升级的过程分解为"嵌入关系形成—独立创新—协同创新—集成创新"这四个阶段，较为系统地分析了生产性服务与制造业基于价值链嵌入的创新机制和运行过程。

在实证研究领域，本研究通过实证研究发现了产业链嵌入关系和组织间学习机制是影响生产性服务创新推动制造业升级绩效的关键因素。由于产业链中生产性服务企业和制造业企业基于价值链嵌入的集成创新效果受到多种内外部因素的影响，发现影响组织创新绩效的关键变量对于有效推动制造业升级具有一定的积极意义。

"十四五"期间，我国制造业发展环境将面临深刻复杂变化，机遇前所未有，挑战也是前所未有。由工业大国走向服务业大国是我国经济发展的客观趋势，也是我国经济转型发展的重要目标。

在大数据、互联网时代，制造业面临数字化、信息化、网络化、服务化的转型升级，高端制造业与现代服务业实现全球范围内的产业融合发展，制造业对生产性服务业的依赖程度也在不断提高。实现由"中国制造"向"中国智造"的产业升级，生产性服务业将起到重要的支撑作用，需要我们持续跟踪相关领域的前沿理论和产业创新实践。

"十四五"时期，我们要以习近平新时代中国特色社会主义思想为指引，深入贯彻落实习近平总书记关于制造强国战略系列论述，按照党中央国务院统一决策部署，看清国际国内形势纷繁复杂现象下的本质，抓住重要战略机遇期，全力以赴谋发展。

期望本书的研究对加快推动生产性服务业创新，支撑我国制造业高质量发展能够提供有价值的参考和借鉴。

第一章 绪 论

第一节 研究背景

一、工业4.0浪潮推动全球制造业变革

(一)工业4.0战略的内涵

工业4.0是指以信息通信技术为基础实现的制造业向智能化转型的工业发展阶段。工业4.0的概念首次由德国于2013年发布的《实施"工业4.0"战略建议书》中提出,随后德国电气电子和信息技术协会提出的"标准化路线图"更为具体地描述了工业4.0的理念内涵和实施路径,标志着工业4.0成为德国制造业发展的国家战略。工业4.0作为一种颠覆性的生产方法,被德国学界和产业界称为"以智能制造为主导的第四次工业革命"。

工业4.0战略的核心内涵包括三个方面:一是智能工厂,即构建智能化生产系统和流程,搭建网络化生产设备;二是智能生产,即在工业生产过程中应用智能化物流管理、人工智能、人机交互及3D打印技术等;三是智能物流,构建基于互联网和物联网的物流管理与作业平台,实现供需方的快速反应,提高物流效率。

回顾前三次工业革命,机械、电力和信息技术等工具逐步将人力从生产中

解放出来，在提高生产效率的同时实现生产成本的降低。工业4.0时代，互联网更广泛深入地参与生产过程，不仅将制造业对劳动力的依赖和生产成本的优化带到一个新高度，并且所产生的大量信息化数据将成为重要资产，有助于创造崭新的商业模式。可以预见，全球制造业将实现新的变革。

（二）工业4.0的核心技术特征

工业4.0从平台基础、生产方式、要素配置和生产过程等方面较以往的生产模式发生了本质上的变革，其核心技术特征体现在以下四个方面。

1. 基于互联网和物联网的网络化

工业4.0时代，企业建立全球信息网络，生产资料、物流仓储和生产设施得以高度整合，实现智能化生产，从根本上改变了生产制造、供应链管理的方法和过程。制造业领域的互联网在实时性、安全性等方面有特定的技术指标要求。

2. 生产方式的智能化与模块化

神经网络、人工智能技术和模糊控制技术等先进的计算机智能方法，提高了解决复杂和不确定问题的能力，实现制造过程智能化。此外，工厂纵向业务流程和横向业务伙伴构建起嵌入式制造系统，形成智能化联结的价值体系，各节点可以根据生产需要作出调整和改变，灵活应对生产中断和故障，大大提高了资源配置能力。复杂制造系统普遍应用模块化技术，不仅提高了生产效率，更加提高了制造业的柔性化水平，满足客户个性化的定制需求。

3. 生产要素配置的信息化

制造业企业信息化包括经营管理系统信息化和生产制造系统信息化两方面内容。经营管理系统包括企业资源计划(enterprise resource planning，简称ERP)、客户关系管理(customer relationship management，简称CRM)和人力资源管理(human resource management，简称HRM)等系统，目的是实现非生产现场的信息化管理；生产制造系统包括制造执行系统(manufacturing execution system，简称MES)、产品生命周期管理(product lifecycle management，简称PLM)、分布式数控(distributed numerical control，简称DNC)等系统，其目的是为了解决产品核心价值创造过程的管理。工业4.0时代，信息化将向信息化集成的方向发展，通过智能制造执行系统进行实时监控和管理，对大数据进行自动采集、判断、报警、控制，形成完整的系统解决方案，即"数字化工厂解决方案"。

4. 生产过程的高度自动化

从技术发展趋势来看，工业机器人的广泛应用将导致自动化生产线更具有柔性，实现多产品兼容性生产；随着制造环节自动化设备集成度增加，人类劳动被大量解放，为智慧工厂的出现提供了可能。

(三) 工业4.0将带来的变革方向

基于上述四项核心技术特征，工业4.0不仅将带来一场从生产过程、生产方式到生产要素配置方式全面的生产变革，并且伴随生产变革的深入，将实现管理领域和商业模式等方面的巨大变革(见图1-1)。

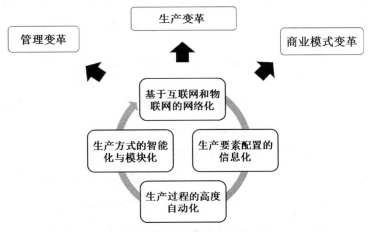

图1-1 工业4.0的核心技术特征与变革

1. 生产变革：基于数字化的智能制造

基于四大技术核心，工业4.0从根本上颠覆了传统生产模式，实现按需设计、按需制造、按需配送，价值链上的企业构建起一个价值网络，形成"互联工厂体系",通过高度的柔性化生产制造,满足不同客户的个性化定制需求。

在工业生产从大规模生产向大规模定制的模式转变过程中,整个价值产业链体系被重新定义与整合。从前端的研发设计到后端的客户服务,价值链上各个环节被打通,同时基于互联网新技术,生产线、产品、用户之间真正实现智能化联系。

2. 管理变革:价值链全流程并联的"知识平台管理"

工业4.0实现的智能化生产制造背后是"人—机—物"的无缝对接,这将重新定义企业的边界,并将重塑组织管理体系,管理者必须以新思维面对管理中出现的问题。

传统制造业企业的组织模式大多以金字塔形的科层式管理结构为主,自上而下的信息链和指挥链确保了庞大的组织机器的高效运转;然而,在工业4.0时代,企业的价值链构造打破了从研发、制造到销售的纵向串联,而变为各个环节相互并联,共同为终端客户提供服务的价值网。企业内的各个部门都成为获取客户信息、满足客户需求的信息节点,如何有效实现知识在不同节点上的共享和整合成为迅速响应客户需求的关键,也成为管理变革的核心。

3. 商业模式变革:以客户需求为核心的"产业链创新"

商业模式变革对制造业至关重要。工业4.0时代,生产方式和消费方式的改变推动了商业模式变革需求的提升。在以客户为中心的理念下,制造业的商业模式不再局限于有形产品的生产和销售,而是扩展到每一个提高客户价值和体验的价值模块,例如智能服务、系统解决方案等。在工业4.0时代,创新不再局限于特定环节,制造业价值链上下游产业模块高度嵌入,围绕着客户需求这一核心开展创新,并由某个特定的价值模块实现整合和集成,最终交付给终端客户。

(四)生产性服务在制造业变革中的关键作用

在产品生产和服务提供的过程中,作为中间投入品的服务被称为生产性服务(producer services)。

生产性服务业是制造业的中间投入产业，具有较强的专业性和专业化知识含量。20世纪80年代以来，发达国家生产性服务业进入快速增长期，并发展成为某些国家国民经济中的第一大产业。国际经验表明，当制造业发展到一定阶段时，需要强有力的生产性服务业支撑才能实现附加值和市场竞争力的进一步提升。随着分工的深化，制造业价值链实现纵向分解，生产性服务成为独立的环节分离出来并创造价值。没有高水平的生产性服务业，既难以满足高端制造产业发展过程中对专业化生产性服务的需求，也无法带动传统制造业的变革，实现向先进制造业的转变。

加速发展生产性服务业，促进制造业高质量发展是当前我国经济发展中的关键问题。特别是在当今复杂的国际政治经济环境下，国际贸易保护主义抬头，技术壁垒、反倾销、知识产权等问题依然突出，我国制造业突破高端技术封锁，实现全价值链要素升级，迫切需要提供中间投入的生产性服务业发挥强大支撑作用。总体而言，我国某些生产性服务业领域的技术领先性、专业化、品牌化和规模化水平有待进一步提高，行业垄断与市场分割等问题在一些行业和地区依旧存在。由"中国制造"迈向"中国智造"，创新是关键。加快发展生产性服务业已成为支撑制造业转型升级、实现高质量发展的内在要求和必然选择。

二、改革开放40年中国制造业取得的成就

（一）我国制造业迅速崛起

改革开放40年来，我国现代工业体系全面建立。2010年，我国制造业产值达13.03万亿元，成为世界第一制造大国。制造业不仅是中国经济的第一大产业，也是维系着中国发展的命脉产业。2019年全年国内生产总值986 515亿元，其中制造业增加值为264 137亿元，占GDP的比重达26.77%（见图1-2）。

2001年，中国正式加入WTO，国内外市场更加开放，制造业开启了对国际领先地位的快速追赶。2003年，中国制造业增加值超过德国，成为世界第三大制造业大国；2006年，中国超越日本，制造业增加值位列全球第二；

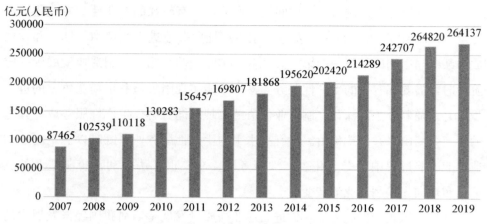

图1-2 2007—2019年中国制造业总产值走势图

资料来源：国家统计局（2008—2020）。

2010年，中国超越美国，跃升为世界第一制造大国，并至今仍保持着世界第一的位置（见图1-3）。巨大的制造业增加值规模不仅意味着规模带来的独特竞争优势，即所谓的"中国权重"，同时也意味着中国制造业的变化会对全球产生重大影响。

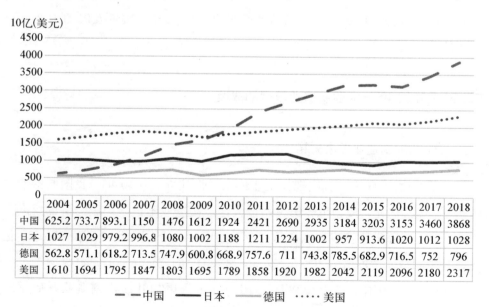

	2004	2005	2006	2007	2008	2009	2010	2011	2012	2013	2014	2015	2016	2017	2018
中国	625.2	733.2	893.1	1150	1476	1612	1924	2421	2690	2735	3184	3203	3153	3460	3868
日本	1027	1029	979.2	996.8	1080	1002	1188	1211	1224	1002	957	913.6	1020	1012	1028
德国	562.8	571.1	618.2	713.4	747.9	600.8	668.9	757.6	711	743.8	785.5	682.9	716.5	752	796
美国	1610	1694	1795	1847	1803	1695	1789	1858	1920	1982	2042	2119	2096	2180	2317

图1-3 2004—2018年中美日德制造业增加值

资料来源：据世界银行年鉴资料整理。

(二) 我国已建成独立自主的制造业体系

自1978年以来,我国无论是传统制造业还是现代制造业,在改革开放的推动下都实现了不同程度的规模扩张。按照国际标准产业分类,在22个大类中,中国产品产量有12个大类名列第一;在中国生产的500种主要工业品中,有200多种产量位居全球第一。2010年以后,中国就已成为世界产出第一的制造大国。在联合国产业大类目录中,中国是唯一具有所有工业门类制造能力的国家。

中国成为工业大国的核心是制造业的发展。伴随着中国快速的工业化进程,中国制造业不断发展壮大,制造大国的地位得到进一步巩固。改革开放40年来,各类生产要素涌入制造业,制造产业内部结构得到调整升级,提质增量成效显著。从中华人民共和国成立后大力发展重工业,打下关乎国家命脉的重工业基础,到改革开放初期我国加快推进以消费品为主体的轻工业优先发展战略,到20世纪90年代我国逐步融入全球价值链,初级加工制造业得到快速发展,再到当前高端制造业迅速崛起,我国制造业由以劳动密集型行业为主逐步向资本密集型行业、技术密集型行业发展,制造业内部结构持续转型升级。

制造业转型升级的背后是强大的研发技术的支撑。我国经济实力的稳步提升和制造业加速融入全球价值链体系,特别是研发投入的迅速增长,推动我国制造业创新投入和创新能力显著提升。改革开放40年来,我国研究与开发支出逐年增长:1978年我国研发投入总量仅为52.89亿元;2019年,全国大中型高技术产业研究与试验发展(R&D)经费总额达3 077.8亿元,年度专利申请件数近20万件(见表1-1),研发投入力度持续增强。

表1-1 大中型高技术产业(制造业)企业 R&D 及相关活动情况

指标	2000年	2005年	2010年	2015年	2018年	2019年
R&D机构数(个)	1 379	1 619	3 184	5 572	6 399	6 331
R&D人员全时当量(万人/年)	9.2	17.3	39.9	59.0	66.1	63.9
R&D经费支出(亿元)	111.0	362.5	967.8	2 219.7	2 912.5	3 077.8
专利申请数(件)	2 245	16 823	59 683	114 562	179 600	199 660

资料来源:《中国统计年鉴》(2020年)。

(三) 制造业高质量发展成果初步显现

中国制造业不仅实现了数量扩张,而且制造业技术水平实现整体提升,中高端制造业的比重不断提高,智能化、高附加值制造业在经济增长中占有越来越高的比重。随着供给侧结构性改革的深化和产业转型升级步伐的加快,中国制造业结构与效益得到优化升级,不断向价值链中高端攀升,高质量发展的态势逐步显现。特别是一批以核心技术为依托的"国之重器",壮大了中国制造的科技优势和产业优势。目前,中国在高铁、超临界燃煤发电、特高压输变电、超级计算机、基础设施建设、移动支付、民用无人机等领域居于世界领先水平;在全球导航定位系统、载人深潜、深地探测、5G移动通信、语音人脸识别、工程机械、可再生能源、新能源汽车、第三代核电、港口装备、载人航天、人工智能、3D打印、部分特种钢材、大型压水堆和温气冷核电、可燃冰试采、量子技术、纳米材料等领域整体进入世界先进行列;在集成电路、大型客机、高档数控机床、桌面操作系统、大型船舶制造、碳硅材料、节能环保技术等领域,呈现加快追赶世界先进水平的态势。近些年,国产龙门五轴联动机床、8万吨模锻压力机、深海石油钻井平台、绞吸式挖泥船等重大装备的入役,填补了国内空白,解决了一些"卡脖子"难题。

随着我国市场经济体制的不断完善,国有企业改革持续深化、民营经济发展活力逐步增强,越来越多的制造业企业伴随我国经济高速增长而快速成长起来,并通过积极参与国际竞争,开拓更加广阔的市场空间。一些企业在生产规模、研发水平、管理能力及市场拓展等方面已发展成为制造业各领域的领军企业,逐步走向全球舞台。对于全球消费者来说,"中国制造"从过去的低质低价发展成质优价廉的新口碑。

可以说,中国已经拥有全球范围内产业门类最为齐全、独立完整性强、产业配套性好且价值链地位不断攀升的工业体系。在以信息化为基本特征的全球生产变革中,中国制造业实现了从弱到强、由全球制造业的"追赶者"成为某些领域"并跑者"和"领先者"的伟大转变。

三、中国制造业面临的挑战

在新一轮科技革命和产业变革加速推进，国际贸易形势和新冠肺炎疫情使得全球产业链、供应链加速重构等背景下，我国制造业发展面临着巨大挑战，结构性问题、结构性矛盾越发凸显。

2021年是"十四五"规划开局之年，经过几代人的不懈努力和奋斗，我国制造业发生了翻天覆地的变化，如今又站在了一个新的历史起点上，我们既要看到我国制造业发展总体态势向好，有基础、有条件、有信心取得新的更大发展，但也要看到，我国制造业发展面临着诸多矛盾叠加，风险挑战不断上升的复杂环境。特别是当今国际贸易保护主义抬头，周边国家制造业快速崛起，地区发展和产业合作前景面临诸多变数。再加上我国资源环境和成本压力带来的巨大约束，亟待我们从历史和现实、理论和实践的角度，深刻认识和全面把握新形势、新要求，实现制造业的高质量发展。

（一）中国制造业某些关键技术自主创新能力仍然较弱

制造业产业链大致可以分为研发、采购、加工制造、市场营销、售后服务等价值环节，其中产业链上游的研发、采购，以及下游的营销、销售、售后服务属于高附加值环节，而加工制造则属于低附加值环节。中国在2001年加入WTO后，积极参与制造业的全球产业分工。由于当时我国制造业总体水平落后，与发达国家相比技术差距大，因此只能从事低附加值的加工制造，西方发达国家依托技术、品牌等优势，控制着产业链上下游的高附加值环节。

改革开放以来，我国制造业不断发展壮大，实现持续增长，自2010年起我国制造业增加值连续11年居世界第一，特别是在高端制造环节取得了长足进步，不断实现技术赶超，一批具有全球竞争力的领航企业加速涌现。然而值得注意的是，尽管中国制造业增加值占世界比重在不断加大，但与发达国家相比，制造业价值链分工的总体水平仍然较低。目前，中国的钢铁、铜、水泥、化肥、化纤、发电、造船、汽车、计算机、笔记本电脑、打印机、电视机、空调、洗衣机等数百种制造业产品的产量居世界第一位,但这些产业技术密集度不高,属于中低度技术密集型;在高端芯片、精密电子、工业软件、高端数控机床等领域自给率严重不足,在某些关键领域仍然面临发达国家的专利垄断和技术封锁。在这些技术和创新密集型产业,亟待通过生产性服务创新实现制造业的内涵式升级。

(二)世界经济整体走弱给我国制造业增长带来不确定性

当前,世界经济震荡格局加剧,国内外各种严峻的政治和经济形势给国内的加工制造等众多行业及进出口贸易带来严重影响。2019年以来,全球制造业PMI持续走弱,在贸易摩擦频发的大环境下,各国缩减海外投资,全球投资和经济增长信心明显不足。

面对中国制造业突飞猛进式的发展,2018年以来,美国单方面发起针对中国的贸易争端,并不断升级,其背后实质上是针对"加快发展中国高端制造业"国家战略的整体打压,对我国发展高端技术和高端制造业进行围堵。提高关税壁垒,限制公平竞争,将可能导致全球贸易增速进一步下滑,威胁世界经济增长前景,这将给我国制造业发展带来极为不利的外部环境。

2020年新冠肺炎疫情在全球的蔓延对世界经济产生了深远的影响,对经济的损害超出预期。疫情造成的封锁和经济停滞大幅削弱了全球消费和投资,外部需求疲弱及大宗商品价格波动也广泛冲击了贸易及进出口。在此基础上,各国自身经济结构的差异、疫情导致的政治经济局势动荡使得国际上不同经济体的发展更加分化。逆全球化思潮抬头和经济走势分化,将进一步改变国际社会的力量对比,使我国产业发展外部环境面临较强的不确定性。

(三)我国制造业成本优势削弱,国际竞争加剧

近年来,我国制造业面临一系列发展压力。例如:原材料、土地等投入要素成本不断上涨,劳动力成本增长较快,新一代劳动人口择业标准发生变化,制造业招工难,高技能人才短缺;传统产业新技术改造作用有待加强;企业管理水平有待提高;等等。这些因素大大挤压了制造业企业的利润空间。在国际制造业发展趋势方面,发达国家采取各种措施提高制造业的竞争力,促进制造业回流；同时，我国周边发展中国家利用成本优势，改善营商环境，积极参与制造业价值链的分工，吸引外国制造业投资。制造业产业链布局进入调整期，高端制造向人才、资金和技术密集的地区转移，低端制造向成本低、营商环境好的地区转移。

随着我国经济发展进入新常态，制造业转型升级步伐加速，由传统制造业向智能制造转型，由制造大国向制造强国转变。在产业结构调整、成本上升等背景下，我国劳动密集型传统制造业开始向越南、印度尼西亚、泰国等东南亚国家转移。制造业要素成本增长带来的发展不利因素必须依靠技术进步和创新来化解，实现我国制造业竞争力的全面提升。

四、"十四五"期间实现制造业高质量发展

当前，我国经济已由高速增长阶段转向高质量发展阶段。制造业作为我国国民经济主导产业的构成，是供给侧结构性改革的重要领域。我国经济要实现高质量发展，必须有高质量的制造业作为支撑。

（一）生产性服务业推动制造业的内涵式增长

我国曾经过度依赖资源投入式增长模式，并为此付出了高昂的资源环境代价。日益严峻的资源和环境约束，导致传统粗放型的制造业增长方式难以为继；而生产性服务业以知识密集型产业为主要特征，作为绿色产业对能源的消耗相对更小，并且极大地拉动了制造业的整体价值附加值。

当前我国经济进入新的发展阶段，全球新一轮科技革命和产业变革为制造业高质量发展带来了历史机遇，全球产业重构对中国制造提档升级提出了新的要求，亟需通过引入高价值附加值的研发、创意设计、管理服务、营销咨询等生产性服务环节，从而推动制造业价值链向"微笑曲线"两端的研发、设计、品牌、服务等高利润环节延伸。为推进制造业生产方式的内生驱动和科技引领，实现以资源节约、环境友好为特征的内涵式增长，加快发展生产性服务业刻不容缓。

（二）加快发展生产性服务业自主创新能力

自主创新能力是构成一个国家产业竞争力的核心要素。改革开放以来，"中国制造"在全球市场上占有重要份额，然而其中低价值含量、低技术含量的简单工业加工品占很大比重。在高端制造业领域，我国自主创新能力尚需不断培育，单方面依赖技术引进导致产业发展的内生动力不足。由"中国制造"向"中国智造"转型升级，需要以强大的研发能力和自主品牌为依托。培育研发、设计、营销等生产性服务业，将会从整体上改善我国技术自主研发设计水平不足、自主品牌匮乏的困境，有助于企业构筑核心竞争优势。

当前世界正面临百年未有之大变局，机遇和挑战并存，以人工智能、数字经济、生物经济为代表的新一轮科技革命和产业变革正在极大改变制造业发展的态势，推动制造业呈现新的发展特征。与此同时，逆全球化的思潮也加速涌动。中国制造业发展面临巨大挑战，外部形势更加复杂。制造业是国民经济的主体，是形成国内国际"双循环"的新引擎，也是国际竞争的主战场。因此，"十四五"时期制造业如何加快自主创新步伐，实现高质量发展是国民经济发展中的一个重要课题。

（三）提升生产性服务的整体创新水平

总体而言，我国的生产性服务业已经取得了较大的进步，特别是沿海地区生产性服务业的比重逐年提高，并且形成了研发、设计、商务服务等生产性服务集聚。然而从我国生产性服务业的总体结构来看，各产业占比不均衡，现代物流业占比最高；互联网、软件研发、信息服务、科技服务等新兴业态快速发展，并逐渐成为新的经济增长点；从产业结构的高度化来看，我国生产性服务业的整体产业层次偏低，制造业对生产性服务业的中间需求，仍然集中在传统贸易、交通运输及仓储业等传统服务业，对以金融保险、信息与计算机服务等知识密集型的现代服务业的中间需求不足。从这个意义上说，生产性服务对于制造业的支撑和推动作用没有得到有效发挥。

造成生产性服务对制造业支撑不足具有多方面的深层次背景和内在根

源，例如对生产性服务的认知和重视程度不够，制造业对生产性服务的内在需求不足等。其中，生产性服务整体创新水平不足，难以与制造业实现创新协同是其中的重要原因。探索生产性服务业的创新机制，实现与制造业在产前、产中、产后各环节的紧密配合和协同发展，是推动制造业升级的重要内容。

(四) AI 大数据时代，中国制造业"弯道超车"的战略机遇

智能制造为中国制造业提供了"弯道超车"的机遇。人工智能的核心要素就是数据，中国具有超越世界上任何国家的数据基础，特别是网络用户数量、移动支付等超过了包括美国在内的所有发达国家。如果中国能够不断提高数据处理技术和场景应用水平，将会在以"智能制造"为标志的新一轮国际产业竞争中获得机遇。鉴于中国制造业整体实力落后于发达工业国的现状，加上劳动力、能源等要素成本上升，智能制造为中国制造业提供了"弯道超车"的机遇，不仅能有效提高传统制造业的生产效率和降低各类成本；同时有利于培育和推进新兴制造业的发展，这对提升中国制造业的全球竞争力至关重要。以提高创新能力和基础能力为重点，推进信息技术与产业技术的深度融合，向着产业高端、智能、绿色、服务的方向发展，产生产业竞争新优势，从而在技术、管理、商业模式等方面实现全面转型升级。

第二节 研究思路与方法

一、研究思路

在文献分析的基础上，本研究遵循从理论到实证的思路展开，围绕生产性服务创新推动制造业升级的动力机制、模式路径、实证检验和政策建议四大核心问题进行深入的研究分析。

其一，动力机制。以产业链知识创新和嵌入性理论为出发点，在研究生产

性服务与制造业基于价值链嵌入的互动关系的基础上,提出生产性服务与制造业创新的理论模型,系统地回答了产业链中生产性服务的创新过程和支撑体系,为问题研究提供理论框架。

其二,模式路径。基于理论模型,本研究提出了生产性服务创新推动制造业升级过程中,以价值链集成商为主导的升级模式,深入阐述了这一模式下实现产业升级的四种主要实施路径,并针对现阶段制造业九大重点产业以及研发设计、第三方物流、信息技术服务等11个我国生产性服务业重点发展的方向进行了匹配研究,提出了不同制造业领域借助生产性服务创新实现产业升级的路径建议。

其三,实证检验。在理论分析的基础上,通过访谈和问卷的方式对近150家企业进行调研,构建统计分析模型进行实证检验,提出了生产性服务创新绩效的关键影响因素。

其四,政策建议。最后,在理论分析和实证检验的基础上,本研究提出了生产性服务创新推动制造业升级的政策设计与推进思路。

二、研究方法与技术路线

基于上述研究思路,本研究方案设计和技术路线包括以下几个方面。

其一,剖析产业结构。在分析生产性服务内涵特征的基础上,研究生产性服务与制造业价值嵌入的产业链互动关系。

其二,理论模型分析。通过构建理论模型,用产业链分析方法推导生产性服务创新理论模型,即"生产性服务价值链集成商主导的产业升级模型"并分析创新平台和支撑体系的构建要素。

其三,实证分析。通过问卷调研对具体产业的服务创新进行实证,通过回归分析等方法研究价值链集成商主导下集成创新绩效的影响因素。

其四,归纳制度政策安排。通过理论分析和实证检验,最终归纳出对加快生产性服务创新,从而推动与制造业协同发展的制度和对策建议。

图1-4描述了上述技术路线和研究方法。

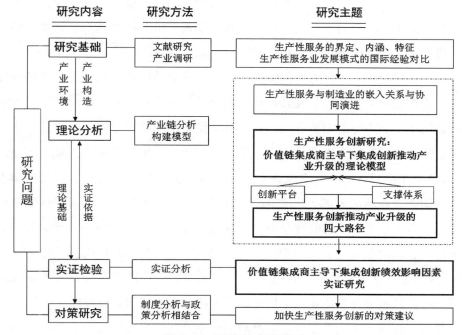

图 1-4 研究技术路线图

第三节 研究内容与框架

本书共有八章,主要包括以下内容。

第一章为绪论。从研究背景出发,提出本研究的核心问题,阐释研究的理论与现实意义,并对全书的研究思路、技术方法、结构内容等进行介绍。

第二章为文献综述与国际经验比较。对国内外相关研究进行研究综述,为研究的展开奠定理论基础。分析对比美国、韩国、印度、以色列等国际上比较有代表性的生产性服务发展经验,以期为我国相关产业的研究提供启发借鉴。

第三章分析了生产性服务业与制造业的产业关联与嵌入机理。在解释生产性服务业的概念内涵、分类、特征及发展趋势的基础上,本章深入分析生产性服务业与制造业基于嵌入关系而形成的协同互动机理,并对生产性服务的外部化进行经济学分析，为理解生产性服务的创新问题打下概念基础。为探究生产性服务与制造业部门的产业关联，本章通过投入产出分析计算，客观地反映了现阶段我国生产性服务业的发展状况。

第四章讨论了生产性服务创新推动制造业升级的模式。从理论模型的角度研究了生产性服务创新机制及其推动制造业升级的内在机理，提出"生产性服务价值链集成商主导的制造业升级模型"，系统分析了集成创新的主体、内容及集成创新推动产业升级的过程，并分析了集成创新的支撑体系。从理论意义上说，"生产性服务价值链集成商主导的集成创新模型"客观反映了价值链上生产性服务业和制造业基于价值链嵌入的创新过程理论抽象。将生产性服务创新问题放置于整个产业链的背景中，将制造企业与生产性服务企业理解为产业链上协同合作的创新主体，并将生产性服务创新推动产业升级的过程分解为"嵌入关系形成—独立创新—协同创新—集成创新"这四个阶段，较为系统地分析了生产性服务与制造业基于价值链嵌入的创新机制和运行过程。

第五章探讨了生产性服务创新推动制造业升级的实施路径。在理论分析的基础上，提出了价值链集成商主导模式下生产性服务创新推动产业升级的四种路径。结合我国明确提出的制造业重点发展的九大产业和国务院印发《关于加快发展生产性服务业促进产业结构调整升级的指导意见》（国发〔2014〕26号）中提出的生产性服务业重点发展方向，以及具体生产性服务业的发展情况，对四种路径的特征、需要具备的核心能力、适用产业领域及其代表性企业进行了详细的分析和对比研究，为各地区抓住关键产业找到最佳路径提供决策依据。

第六章分析了生产性服务创新绩效的影响因素。通过问卷调查，从实证角度研究生产性服务企业与制造业企业之间的嵌入性关系和组织间学习作为创新绩效影响因素的作用机制。由于生产性服务企业和制造业企业基于价值链嵌入的集成创新效果受到多种内外部因素的影响，发现这些影响因素对于有效推动制造业升级具有重要意义。研究发现，产业链嵌入关系和组织间学习机制是影响组织创新绩效的关键变量，并提出了相应的优化对策。

第七章提出了生产性服务创新推动制造业升级的政策建议。对生产性服务创新问题进行总结，提出促进生产性服务创新的发展战略和重点领域，最后提出了推动生产性服务业发展进而实现制造业产业升级的对策和措施。

第八章为本书的研究结论与展望。

研究框架如图1-5所示。

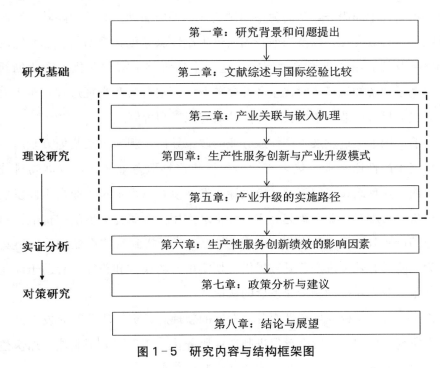

图1-5 研究内容与结构框架图

第四节 研究目的与价值

当前,生产性服务业被提到国家重要产业发展的战略高度,多项政策措施的出台刺激了各地方政府加大生产性服务业的发展力度。在当今复杂多变的国际政治经济背景下,我国制造业高质量发展遇到前所未有的外部阻力和压力。加快生产性服务创新,为制造业发展提供有力支撑,成为理论和产业实践领域亟待解决的关键问题。

本研究将生产性服务创新理解为生产性服务企业基于一定产业链关系实现知识创新的问题,并基于这一思路提出了价值链集成商主导下集成创新推动产业升级的理论模型，阐述了促进知识创新的平台运行机制和支撑体系。此外，本研究结合大量统计分析和地方产业实践，回答了生产性服务企业如何更有效地提供创新性中间服务，从而为中国制造业"创新驱动"和"智能转型"的产业升级提供有效支撑，以及当前我国通过生产性服务创新推动制造业升级的模式和路径及其适用产业等关键问题。这一系列研究丰富和深化了产业创新理论，有助于理解知识经济时代生产性服务业的创新行为和实现过程，对于促进产业升级、提升产业竞争力具有一定的研究意义和价值。

当前，国家促进发展生产性服务业的政策导向，刺激了某些地方政府一哄而上发展生产性服务业，热衷于圈地建设生产性服务业园区，发展高科技产业。然而，这种政策导向下的政府主导式发展模式忽视了对产业内生性发展规律的分析，很难对产业升级起到实质性推动作用。本研究提出的"价值链集成商主导的产业升级模式"，提出了通过产业链分析找到具体产业的价值链集成商，为现阶段有效推进产业升级提供了切实可行的模式和路径，有助于深化对生产性服务业创新推动制造业发展的认识。

第一，有助于树立生产性服务业发展的新理念，更加注重产业发展的融合性。本研究提出"两业融合"促进制造业服务化，实现服务型制造，加快整合生产性服务业资源，促进制造业产业结构调整升级。

第二，有助于找准提升制造业内涵的关键环节，更加注重产业发展的科学性。本研究结合九大重点制造业和十一大生产性服务业领域分析了不同模式下通过生产性服务创新实现制造业升级所需要的资源条件，为各地区发挥自身优势，找准产业升级的关键环节提供了一定的参考借鉴。

第三，有助于政府提供切实有力的保障措施，更加注重产业发展的实效性。本研究分析了生产性服务推动制造业的内生动力、外部环境、运行保障和激励机制四大支撑体系，有助于政府较为全面地提出促进生产性服务业创新的政策设计，并结合本地区的产业发展现状找准现代服务业的定位，集中优势力量重点突破。

第二章 文献综述与国际经验比较

本章将围绕生产性服务创新问题进行文献综述，并对比分析美国、韩国、印度、以色列发展生产性服务业的特色与经验，为提出我国的发展模式提供理论基础和参考借鉴。

第一节 文献综述

一、生产性服务业与制造业的互动关系

生产性服务业与制造业的互动关系，已经得到国内外学者的关注和研究。根据对生产性服务不同的需求动机，生产性服务业与制造业的互动关系可以归纳为以下四条研究主线。

（一）分工视角的研究

基于分工视角对生产性服务业与制造业互动机制的研究认为，分工的不断深化最终促使了生产性服务业从制造业中逐步分离，即表现为生产性服务的外包。行业分工促进了制造业产业链发生纵向分解，加工制造与其他中间投入的生产性服务环节发生分离，某些非核心业务被外包出去（孙晓华、翟钰和秦川，2014）。生产性服务是生产过程中人力资本和知识资本的传送器，分工的深化增加

了迂回生产过程,不仅促进劳动力和资本投入的增加,而且增加了中间投入量,大大提高最终产出增加值(Lia,2011)。随着生产性服务从制造业中不断剥离转由外部服务商承接,生产性服务专业化水平的提升,不仅提高了规模经济水平,而且加快了创新速度,推动生产性服务业快速发展(陈宪、黄建锋,2004)。从空间角度看,国际分工使得总部下属各业务单元以及制造基地实现空间上的分离,实现全球范围内的资源配置(梁琦、陆剑宝,2014)。宣烨和余泳泽(2014)基于长三角地区38个城市的数据研究了生产性服务业层级分工对制造业效率提升的影响。

(二)交易费用视角的研究

分工必然产生相应的成本。制造业企业将一部分生产性服务业务外包出去,可以减少固定成本投入。由于存在专业化生产带来的规模效应,制造业企业可以用较低的价格从外部购买产品或服务;但是,这种成本计算通常不能清晰地说明问题,交易费用等成为考虑生产性服务外包是否经济的重要因素(Guerrieri and Meliciani,2005)。麦克弗森(Macpherson,2008)从交易成本理论出发,认为生产性服务的企业内部化成本与外包的成本比较,决定了制造企业是否实施外包。冯泰文(2009)基于1999—2006年的省级面板数据,分析了生产性服务业提高制造业生产率的内在机制,认为交易成本降低是关键因素。张琰、芮明杰和刘明宇(2012)从交易费用视角研究了生产性服务外包的制约因素,认为基于信任的长期合作有助于降低生产性服务外包的交易费用,从而促进外包的发展。唐东波(2013)分析测算了市场规模、交易成本与中国制造业垂直专业化分工之间的关系。

(三)竞争力视角的研究

核心能力是决定公司战略定位的关键资源,企业通过把不擅长的非核心业务外包而专注于核心竞争力的培育,从而提升企业的战略柔性(flexibility)。随着专业分工细化和市场竞争加剧,制造企业将物流、财务会计、研发等支持性活动外包出去,专注自身核心竞争力的关键环节,形成生产性服务外包关系(Tan et al.,2010)。服务功能的战略性越弱,企业越倾向于从外部获取。当某些生产性服务远离公司的核心活动，则企业更倾向于选择购买外部服务，以减少内部投资的风险(梁琦、陆剑宝，2014)。随着市场竞争的加剧，加工制造环节对企业竞争优势的决定作用逐渐减弱，而凝结更多专业化知识的生产性服务环节的战略意义不断提升(沈飞、吴解生和陈寿雨，2013)。

(四) 产业升级视角的研究

制造企业对生产性服务的需求，伴随着企业规模的增长而增长。制造业的发展促进了厂商数目的增加和生产规模的扩大，从而催生了对生产性服务的更多需求；生产性服务业的发展，也大大影响了产业结构的转型进程。学者们研究发现，技术进步对提升全球价值链地位具有积极的正向影响(Kadarusman and Nadvi，2013)。江小涓和李辉(2004)认为，自 1980 年以来中国经济实现高速增长，而这其中主要来自工业经济增长的贡献，服务业的增长速度和规模均相对滞后，与工业经济的增幅和发展速度不匹配。换言之，在此期间的经济发展对服务业的依赖程度不高。夏沁芳(2008)对生产性服务业与大都市产业结构关系进行了实证研究，认为生产性服务促进了城市产业经济的布局优化。李文和李云鹤(2013)基于经合组织(OECD)国家 1989—2008 年间的面板数据，利用随机生产函数研究发现生产性服务质量和数量共同对制造业的溢出效应产生影响。刘明宇和张琰(2013)提出了代工模式(original equipment manufacturer，OEM)向自主品牌生产模式(own branding & manufacturing，OBM)的产业升级路径。

一些学者采用投入产出法，基于不同地区的产业数据和实证案例，研究了我国制造业和生产性服务业的产业关联及其对产业升级的影响。楚明钦和刘志彪(2014)基于投入产出数据对我国生产性服务业与装备制造业的纵向分离程度进行了实证分析，为工业企业服务外包的影响因素研究提供了证据。张瑾、陈丽珍和陈海波(2011)以长三角地区的生产性服务业为研究对象，运用投入产出法计算了不同地区的产业关联度，通过对比研究发现：江苏、浙江的生产性服务业价值附加值高而产业带动性低；上海的生产性服务业价值附加值低而产业带动性高。在服务业的投入方面，我国与服务业发达国家存在明显差距。席艳乐和李芊蕾(2013)基于联立方程模型对长三角地区生产性服务业与制造业的互动关系进行了实证研究。程大中(2008)以 OECD 中的 13 个经济体作为对比标杆发现：大多数 OECD 经济体将服务业收入的 70％重新投入到了服务业自身的发展中；而中国生产性服务的 50％以上则投入到了第二产业。吉亚辉和甘丽娟(2015)实证检验了我国生产性服务业集聚与经济增长之间的关系。顾乃华(2005)认为：生产性服务业对制造业进步存在"外溢生产效应"；而生产性服务业的"外溢改革效应"，有助于在我国经济转型时期突破制造业改革的体制性壁垒，强化改革深度。

综上所述，社会分工的深化使生产性服务业与制造业的关系日益紧密，形成二者不断融合发展的态势。在论述生产性服务业与制造业互动关系方面，已有文献从不同角度、运用多种研究方法对生产性服务与制造业的嵌入关系、内涵和发展策略等进行了研究。在此基础上，本研究将在产业链背景下分析生产性服务创新问题。在分工深化带来的新型产业结构中，研究生产性服务创新的特征与模式，从而发现产业链中生产性服务业的创新机理。

二、生产性服务创新的维度与模式

（一）服务型制造与制造业服务化

当前，全球经济从"工业型经济"向"服务型经济"转型的趋势日益增强，传统的聚焦制造环节的运营战略无法适应新经济下制造业的竞争需要，制造企业面临制造与服务融合的战略转型(Lay et al.，2010)。一些世界级企业如 IBM、GE 等制造业巨头，纷纷通过业务转型和服务模式创新提升竞争力。制造企业的服务化转型，被看作是制造业企业从传统有形产品生产领域向无形服务运作领域转型的有益尝试(刘明宇、芮明杰和姚凯，2010)。服务经济时代，以有形产品为载体，通过服务提升产品价值被认为是制造企业提高利润水平和竞争力的关键(Guerrieri and Meliciani，2005)。制造业企业的服务化转型以及产业链中的生产性服务协作成为理论界关注的热点(刘军跃、王敏和李军锋等，2014)。围绕"服务型制造"和"制造业服务化"，相关研究领域得到了诸多成果。

孙林岩、李刚和江志斌等（2007）提出了"服务型制造"（service-oriented manufacturing）模式，在服务和制造相互融合并不断增强的背景下，基于服务和制造环节的网络化协作与双向渗透，形成产品服务系统（product service system）。金斯特伦（Kindström，2010）发现，新的价值主张、收益分配、价值网络等因素会影响服务化模式，因而制造企业应重视服务提供、服务生产和服务定位等方面的创新，以及服务型制造的网络协调机制。

"制造业服务化"以制造业本身为研究对象，侧重于研究制造企业如何通过构建服务化策略、收益分配、服务路径提升企业竞争力。制造企业服务化可以分为两种策略，即以产品和技术为基础、由产品导向转型为服务导向，以及以顾客为基础、由纯服务导向转型为提供产品和服务导向（Tan et al.，2010）。有学者基于对中国制造企业的实证研究，提出我国制造企业的组织形态和盈利模式逐步由产品导向发展为服务导向，进而实现新的价值创造（Lin and Wu，2013）。罗建强、彭永涛和张银萍（2014）提出了服务型的制造企业若干服务创新模式。

综上所述，服务型制造和制造业服务化的研究，都将制造业作为核心研究对象，试图从多个视角揭示制造业与生产性服务业融合背景下提升制造业竞争力的策略和路径。差别之处在于："制造业服务化"以制造企业向上下游服务端转型为目标，其研究重点是探索制造企业自身的服务转型策略和优化路径；而"服务型制造"将生产性服务与制造业看成是相互融合的价值网络，研究重点是通过价值网络中二者的合作和渗透提升制造业竞争力。

（二）生产性服务创新维度研究

虽然生产性服务对于提高制造企业利润和竞争力具有积极作用，然而在从"产品创新"到"服务创新"的转型中，企业需要克服自身知识和能力的局限，形成知识的跨界搜索能力（张文红、张骁和翁智明，2010），形成新的组织学习能力，建立有更强适应能力的组织。

一些学者从技术维度和服务维度切入研究生产性服务创新问题。服务业领域的技术创新始于巴勒斯（Barras，1990）的开创性研究，聚焦服务过程中的新技术应用，特别是信息技术对服务业创新的影响，巴勒斯强调技术进步在服务创新中的重要作用，认为服务部门创新基本上源自工业技术和设施的创新，特别是以信息通信技术（information communication technology，ICT）为代表的高新技术，是推动服务创新的核心驱动因素，服务业的技术密集化特征可以增强服务业的创新能力。

然而，将新技术在服务业中的使用强度作为评价服务业创新水平的核心标准，导致技术学派遭到很多学者的批评。登赫托格和彼尔德贝克（Den Hertog and Bilderbeek，2009）等学者认为这不仅会低估服务业创新性而且还会制约服务企业的创新选择。蔺雷和吴贵生（2006）提出了"局部创新"理论，认为不同服务业部门应采取不同的创新路径。相关学者对咨询业、物流业、金融业等进行了专门的实证研究，并提出了适合于特定服务业部门的服务业创新策略。刘明宇和张琰（2013）提出了制造业与生产性服务业协同创新的网络化治理机制。

生产性服务具有较高的专业化服务水平，程中华、李廉水和刘军（2017）认为生产性服务集聚所带来的专业化效应、知识与技术溢出效应能够促进本地工业效率的提升。魏江和徐蕾（2014）基于网络嵌入性和创新能力理论，通过对五个制造业产业集群中206家企业的实地调查，发现知识网络的功能整合和知识整合，是促进集群企业创新能力跃迁的必要条件。路红艳（2009）分析了生产性服务的知识创新机理。

上述文献从服务技术创新、服务产品创新等方面，对如何提升生产性服务绩效进行研究，并且基于"知识密集型产业"的特点，较为全面地分析了知识创新在服务业中的作用。然而，既有文献关于产业内外部结构关系对创新影响的分析较为不足，制造业分工和产业链关系对创新的影响在进一步研究中应予以重视，对具体产业层面多案例、大样本的研究有待加强。

（三）生产性服务创新模式研究

1980年以来，服务创新模式问题开始得到关注，其中比较有代表性的是彼尔德贝克等（Bilderbeek et al.，1998）的研究。他们提出，服务创新由服务概念、服务界面、技术、服务传递四个基本维度构成，并在此基础上形成不同的要素组合，该模型被称为服务创新的"整合模型"。魏江和Boden等（2004）提出了服务创新的"融合模型"，对服务创新的阶段过程进行了归纳，他们认为生产性服务创新的最初始形式,首先是企业内部对各创新维度的整合,其次是通过企业外部成员业务间的合作产生业务融合,再次是企业间的创新合作,最后上升为产业间的联动。何骏(2010)将我国生产性服务业发展的创新模式归纳为三大类,分别是业务外包模式、投资拉动模式和集聚发展模式。

除了以服务创新为对象的研究外,一些学者从产业链的视角对生产性服务创新进行了研究,关于制造业和生产性服务创新的模式可以梳理为四种类型,分别是向上游产业服务化转型、向下游产业服务化转型、上下游双向服务化转型,以及完全去制造化(简兆权、伍卓深,2011)。制造业企业参与产业上游的研发设计等价值链环节,可以提高其研发设计能力,形成核心竞争力。当制造业企业具备产业链核心能力时,可以剥离加工制造等低附加值环节,转而从事研发设计、营销服务等相对高附加值的生产性服务环节,实现"去制造化"(简兆权、伍卓深,2011)。

综上所述,从服务创新的技术特征、产业结构等角度可以归纳不同类型的服务创新模式,特别是彼尔德贝克等(Bilderbeek et al.,1998)提出的服务创新的四维度整合模型,成为研究服务创新模式的经典模型被大量引用。生产性服务的创新模式从合作关系、创新主体、创新程度等,可以划分为不同的分析维度,需要结合产业的特征、产业链合作关系、外部环境等因素具体分析,特别是生产性服务嵌入制造业价值链,通过创新为制造业提供更好的产品和服务;因此,基于与制造业协同演进的框架,为生产性服务创新模式提供了合理的分析视角。

三、产业链与产业升级理论

(一)产业链理论

产业链理论兴起于20世纪80年代,其核心观点认为基于能力的分工不仅可以在企业的内部完成,也可以由外部企业协作实现。为生产客户需要的产品,企业必须将自身能力和外部资源加以整合,从而获得更大的成本比较优势。在产业链的性质和功能的研究方面,刘明宇和张琰(2013)认为,产业链是基于分工形成的不同产业组织之间的结构方式，其反映了上下游企业之间基于需求与供给的分工合作关系。汪延明和杜龙政（2010）提出，产业链的核心功能是以知识为基础的分工协作，通过组织间的协同可以提高经济体的效率和竞争力。随着产品迭代速度加快，客户个性化需求不断增加，企业之间的竞争演变为产业链之间的竞争（芮明杰，2018）。企业着眼于产品的整个生命周期，通过业务外包和专业化分工整合产业链上外部资源，构筑产业链上下游企业间协作发展的环境，以谋求创新发展（黄毅敏、齐二石，2015）。产业间的"垂直关联"和"水平关联"，对产业协同集聚的形成有重要影响。其中，"垂直关联"即产业链条上的上下游产业或企业之间有形的物质联系，方便获得产业层面的规模经济；"水平关联"则是由于产业链条临近，产业和企业之间产生的互动联系和获得的学习效应而形成的（陈晓峰，2017）。郑休休和赵忠秀（2018）基于全球价值链视角，对生产性服务中间投入对制造业出口的影响进行了研究，认为发展中国家应重视发展生产性服务业贸易，特别是与发达经济体间先进的生产性服务贸易，摆脱"锁定效应"，从而提升制造业在全球价值链中的地位，实现制造业转型升级。

（二）产业升级的内涵与模式

已有文献在制造业产业升级方面的研究较为丰富，关于产业升级内涵的界定大致可以概括为三个方面：一是由传统低技术产业向高新技术产业升级；二是由劳动密集型产业向技术或资本密集型产业升级；三是由低价值附加值产业向高价值附加值产业演变。通过学习和技术进步，一国产业实现由价值链上附加值较低的生产制造环节向附加值较高的生产性服务环节的演变（Kadarusman and Nadvi，2013）。李晓阳等（2010）提出，产业升级不仅是产业结构调整优化的过程，更是产业效率的提高过程。产业结构的调整是结构层次的不断提高，产业效率的提高则包含产业内产品质量、技术水平等的提高。苏晶蕾、陈明和银成钺（2018）认为产业升级推动产业内部企业要素禀赋水平提高，推动制造业结构从劳动密集型向技术密集型、资本密集型转变。

卡普林斯基和莫里斯（Kaplinsky and Morris，2002）认为，产业升级可以分为四种类型：一是"过程升级"（process upgrading），即通过重新定义产品系统或引入高技术，实现本企业产量的提升；二是"产品升级"（production upgrading），即通过研发新产品，实现超越竞争者的产品升级；三是"功能升级"（functional upgrading），即结合客户和市场需要，实现产品功能的优化；四是"链的升级"（chain upgrading），即企业从原有价值链转型为价值附加值更高的相关产业价值链区间。迈克尔·波特（Michael Porter，2001）认为产业升级是要素比较优势推动资本和技术密集型产业发展的结果。随着分工的不断深化，制造业对研发设计、物流服务、市场营销、售后服务等生产性服务的中间需求极大扩张，这些生产性服务具有更高的知识含量和更高的人力资本水平。刘明宇、芮明杰和姚凯（2010）将价值链上生产性服务与制造业的嵌入关系细分为关系性嵌入和结构性嵌入，认为生产性服务的嵌入提高了制造业的生产效率和资源配置效率，制造业升级和服务外包又推动了生产性服务的发展。

产业链理论为系统地研究企业行为以及产业层面的运行机制提供了一个全新的视角。新经济背景下，知识关联导致产业链的结构形态较以前发生了巨大改变。加工制造和生产性服务在全球范围内实现资源配置，构成了以价值链为基础的全球化分工格局。发展中国家通过承接国际分工转移成为全球产业链上的节点和重要组成部分，在提供服务外包的过程中，不断吸收学习先进的知识和技术，促进本国相关产业的进步，实现产业升级（Lööf et al.，2012；Kindström，2010）。从产业链构造切入，本书深入分析产业链上下游生产性服务业与制造业的嵌入以及协同演进关系，在此基础上提出产业升级的理论模型，对于生产性服务创新和制造业升级问题提供了全面的研究视角。

第二节 国际经验比较研究

近年来，一些国家的生产性服务业得到迅猛发展，特别是在研发设计、信息通信、金融保险、现代物流、商务咨询等领域形成了较强的特色和发展经验。生产性服务的快速发展提高了相关产业的价值附加值，进而推动产业升级（张曼茵、陈亮辉，2013）。本书选取了国际上具有代表性的生产性服务业发展模式,总结了生产性服务业创新推动产业升级的国际经验。

一、美国 IBM 模式与硅谷模式

(一) IBM 模式

IBM 模式是指以美国 IBM 公司为代表的传统制造商向现代服务商成功转型,提高产业价值附加值,实现产业升级的模式。

IBM 在百年的发展历程中一共经历了三次转型,逐步由全球最大的计算机制造商转型成为全球最大的信息技术和业务解决方案公司。IBM 最初是一家制造打孔卡片用于记录数据的公司,20 世纪五六十年代,IBM 在电子信息领域投入了巨额研发经费,成功研制出世界第一代大型计算机 System 360,引领世界进入了电子计算机时代。20 世纪 80 年代 IBM 又成功研制出个人电脑 IBM PC。它不仅能够比以前的机器更快地处理信息,而且能够连接电视机、玩游戏和处理文本,从而将人类带入了真正意义上的个人电脑时代。但到 1992 年 IBM 出现了 50 亿美元的亏损。面对巨额亏损,IBM 进行了全面的调研和思考,发现用户迫切希望得到系统的整体解决方案以应对日益繁杂的软硬件整合问题,并且网络化的计算机将很快替代以个人电脑为主宰的局面。市场是一切行动的动力,IBM 决定逐步向软件服务业转型。2002 年 IBM 收购了普华永道的咨询业务,以进一步增强其咨询服务能力。2004 年 IBM 将个人 PC 业务出售给联想集团,从而成功转型成为全球最大的信息技术和业务解决方案公司。2008 年 IBM 进一步提出了"智慧地球"计划,通过物联网和互联网的整合实现人类以更加精细和动态的方式来管理生产和生活的目标,从而达到"智慧"的状态,成为引领新一代信息产业的智慧企业。2013 年,IBM 提出"CAMSS"(云计算即 cloud computing、大数据分析即 analytics、移动即 mobile、社交即 social、安全即 security)转型计划,将业务梳理为三个战略支柱:巩固核心业务是第一大支柱,包括系统硬件、IBM 云、全球企业咨询服务、全球信息科技服务等;推动新的成长计划是第二大支柱,涵盖 CAMSS、科技伙伴计划、绿色地平线、物联网等。2018 年,CAMSS 业务在全球已经占到 IBM 总体业务的 48%;推动尖端科技落地是第三大支柱，涵盖前沿的芯片技术、认知计算、区块链等，打造数字化转型团队、人工智能数据集成团队、业务流程重塑及业务流程外包团队、交互体验团队（interactive experience，简称 IX）和云咨询应用开发团队等为企业提供全新数字化战略的服务团队，并推出了将人工智能用在企业流程转型、流程外包、流程自动化等的一系列服务。IBM 的发展历程见表 2-1。

表 2-1 IBM 的转型发展历程

	第一次转型 20 世纪 五六十年代	第二次转型 20 世纪 80 年代	第三次转型 21 世纪初期	第四次转型 2013 年至今
标志事件	研制出世界第一代大型计算机 System 360	开发个人电脑 IBM PC	收购普华永道的咨询业务；"智慧地球"计划	提出"CAMSS"转型计划
产业定位	全球最大的第一代计算机制造公司	全球最领先的个人电脑制造公司	全球最大的信息技术和业务解决方案公司	涵盖硬件、软件、咨询、业务拓展与帮助传统企业数字化转型的全产业链的一站式服务商
核心竞争力	技术、制造	技术、制造	技术、服务	技术、服务、战略

IBM 的发展历程就是一个从制造业逐步向生产性服务业转型，通过生产性服务改变原有制造企业内涵，进而实现产业升级的典型案例。IBM 成功转型的背后，是企业坚持并倡导的"Think"文化，始终坚持以客户需要为出发点，思考以何种超前创新方式满足客户需要。可以说，IBM 的每一次转型都对全球 IT 产业甚至全世界的生活方式产生巨大的影响，引领全球相关产业的发展趋势。

（二）硅谷模式

美国硅谷和周围的湾区是全球创新、创业和科技企业的聚集地，这片区域只居住着 700 万人，但估值超过 10 亿美元的科技公司已超过 150 家。与大企业自发主导生产性服务创新推动产业升级的 IBM 模式不同，硅谷模式指通过产业集聚，形成众多生产性服务的创业企业，大大提高了产业创新能力。很多学者从不同视角研究了硅谷培育创业企业的成功原因，归结起来最重要的有以下三个方面。

1. 智力资本和技术高度密集

在硅谷的创业企业中，很大一部分与斯坦福大学有着"血缘关系"，斯坦福大学的教授广泛参与企业经营和管理咨询，学生的学籍管理宽松自由。开放式的办学理念给硅谷带来源源不断的智力资本，知识和信息充分碰撞交流成为创新的原动力。

2. 风险资本高度密集

在硅谷，风险投资不仅向具有发展潜力的高科技公司提供必要的资金支持，而且还会提供技术和管理方面的咨询服务。创业者所在社会关系的相互信任是其获得风险投资的牢固基础，很多创业成功者也会拿出一部分资金做天使投资，继续支持创业企业的发展。根植于斯坦福大学合作、信任的文化禀赋和技术自信的智力资本为硅谷的风险投资提供了良好的发展土壤。

3. 创新企业集聚形成优胜劣汰的竞争环境

自20世纪90年代以来，硅谷的企业迭代速度非常快，平均每年有1.3万家企业创立，约1万家企业清算注销。硅谷成为培育新兴产业的摇篮，从惠普（Hewlett-Packard）、思科（Cisco Systems Inc.）、苹果（Apple Inc.）到英特尔（Intel Corporation）、谷歌（Google）、脸书（Facebook）……每隔一段时间，硅谷必会出现一个具有世界影响力的企业，并带动一个新产业。可以说，硅谷已经形成了一个从创业到创新型经济发展的良性循环。

（三）"再工业化"进程中生产性服务业对美国传统制造业的再造

如果说IBM模式和硅谷模式是产业组织发展的内生性要求，那么奥巴马政府倡导的"再工业化"则是从国家战略的高度推动生产性服务业对传统制造业的再造。

从20世纪90年代开始，信息技术的发展、劳动力成本高企、资源环境压力等因素，促成了全球范围内进行产业分工和转移。"去工业化"成为美国等发达国家的发展趋势,其突出表现是金融业的迅猛发展和制造业的蜂拥外迁。然而,金融衍生品的泛滥和第二产业的空心化,导致美国陷入了巨大的经济危机,金融、房地产大面积崩溃,汽车、钢铁等制造企业大量破产。

2008年全球金融危机以后,以美国为代表的发达国家认识到经济增长必须以实体经济的良性成长为基础,因此将"再工业化"作为构筑国家和产业竞争优势的重要战略。纵观美国的产业战略,"工业化—去工业化—再工业化"的演变过程,其本质核心是对制造业与制造业产业链的重构与战略选择,重点是从比较优势的角度选择并再造制造业的高附加值环节。以制造业的"回归"为标志的"再工业化",是吸引高端制造业回归美国本土发展,从而实现服务经济真正服务于实体经济的产业发展战略。

从美国的角度来看,"再工业化"不是简单地吸引转移到海外的制造业回归美国本土,而是有选择地扶持高技术含量的先进制造业发展,并且以新技术、新模式为特征的生产性服务业对传统制造业进行融合和改造,从而实现制造业的升级式发展。具体表现在以下三个方面。

第一,重新定义技术密集型高端制造业。利用信息技术、互联网与科技研发的优势为这类制造业赋予新的内涵,通过商业模式创新、技术改造、生产方式创新、管理创新等构筑这些产业的竞争力和全球价值链控制力。

第二,整合发展传统的劳动密集型制造业。借助科技手段提高劳动效率和单位成本产出效益,同时物流、能源等要素价格较之某些外包国家持平甚至更为低廉,吸引部分劳动密集型制造业重返美国,在填补产业空心化的同时,更是创造了大量就业机会。

第三,依托美国在金融、研发等现代生产性服务业的国际优势实现与制造业的匹配融合,进行"再工业化"。基于研发设计、金融保险、物流运输等现代生产性服务业上的优势,推动制造业的改造和进步。可以说,制造业和生产性服务业的互动融合是美国优化产业结构,实现"再工业化"战略的加速器。

二、韩国政府主导下的大企业推进模式

作为韩国经济的主导产业,制造业升级推动了韩国产业结构的转型。韩国

大企业是时代的产物。第二次世界大战后走出战争阴霾的韩国亟需经济独立，在这种危机感下，政府举全国之力，重点扶持部分大型企业，以应对全球竞争。1961年朴正熙掌握韩国政权后，为了进一步实现经济独立，确立了出口导向和重化工业驱动政策。20世纪60年代开始，韩国经历了劳动密集型、资本密集型、技术密集型三个产业发展阶段，直到21世纪初开始至今，在互联网和信息技术的支撑下，韩国进入知识密集型产业发展阶段。制造业方面，韩国在汽车、半导体及数码产品等制造业领域具备较强的自主创新能力和品牌优势，形成了较强的国际竞争力。

韩国制造业的发展，离不开生产性服务业的助推作用。韩国生产性服务业起步较晚、基础薄弱，尤其是金融、流通和物流业的发展较弱，难以对制造业的快速发展形成有力支撑。在韩国政府的主导下，以研发设计业为重点发展的突破口，并由大企业根据制造业发展需要，有选择性地发展关键性技术研发和产品外观设计，逐步推进制造业与生产性服务业的互动，推动制造业的快速升级。韩国政府主要采取了以下措施推进研发设计类生产性服务业的发展。

1. 鼓励并扶持研发机构的专业化投资

韩国相继推出了一系列法案支持技术改造和研发投入，例如《韩国科学技术研究所扶持法》《增强服务业竞争力综合对策》等。政府直接出资设立了韩国科学院以及地方科研院所等研究机构，旨在进行国家重点科研项目的开发与实施。除了国家直接建设的科研机构外，韩国政府还积极鼓励私营企业设立技术研究所，并推出相应的政策支持措施。例如，对于私营企业承担的国家研发项目，政府提供所花费研发费用50%的补贴。在类似补贴扶持政策的鼓励下，私营企业逐步取代政府成为技术创新和研发的主力。以韩国三星电子公司为例，作为安卓（Android）移动终端产品市场具有重要影响力的企业之一，三星在研发领域一直保持很高的投入水平。根据欧盟委员会《欧盟工业研发投资排名》（2012—2020）发布的全球46个国家和地区共计2 500家公司在欧盟工业研发投入的情况，韩国三星电子连续9年跻身年度研发投入的前十名，其中，2017—2018年度的研发经费为134.37亿欧元，首次成为全球在欧盟研发投入最高的公司。

2. 重视设计能力的培育

1993年起,韩国提出了提振设计能力的三个五年计划,并建立设计振兴组织,如韩国产业设计振兴院等,在设计产业发挥了重要作用。在政府主导的作用下,三星、现代汽车、LG等大企业都十分重视设计领域的投资,"工业设计突围"成为很多韩国企业提升品牌价值、扩大市场份额的利器,卓越的产品外观设计,再加上领先的技术基础,成为韩国品牌国际化的重要突破口。近年来,在移动通信领域,面对苹果的竞争压力,三星积极应对。在中国市场,三星通过密集的营销攻势、时尚的产品设计、快速的技术应用,不断抢夺终端客户。

3. 引导生产性服务业集聚区建设

产业集聚将会放大生产性服务业的辐射效应,更强地发挥服务区域经济发展的作用。韩国政府积极推动金融业在首尔的集聚。目前,首尔集聚了金融、保险类公司近300家,占韩国整个金融产业实体的24.5%。此外,韩国政府还积极推进研发产业集聚,建成了大邱南圈R&D基地和大德产业基地两大研发集聚区。除了政府主导推进的生产性服务集聚区建设外,韩国还设立自由经济区以吸引外资发展生产性服务业。2003年开始,韩国发展了仁川国际机场、光阳港、釜山港三个自由经济区,使之成为集航运、金融、物流、信息为一体的经济特区,区内配套了先进的基础设施、现代化的商务环境和优惠的税费政策。自由经济区内,土地使用税实行"三免两减半",即免除前三年的土地使用税,其后两年减半收取。此外,韩国政府对自由经济区实行放松管制和行政支持,放松对大首尔地区服务业企业在工厂建设与扩建方面的管制,理顺并简化34种建设活动的许可程序,取消对中小企业的某些商务限制,实行行政一站式服务,实施针对外国投资者的"点对点"服务协调人制度,等等。韩国政府还积极优化自由经济区内的环境,完善学校、医院、娱乐等生活便利设施,为外商创造理想的生活环境。

综上所述,虽然韩国的生产性服务业起步较晚,产业基础较为薄弱,但是韩国政府准确把握了能够推动本国制造业快速发展的生产性服务业的发展方向，通过政府主导，利用有限的资源，重点发展嵌入制造业价值链高端环节的研发设计、金融和信息生产性服务业，并通过本国主要大型企业在研发设计领域的高额持续投入，有效提升了本国产品的技术优势和品牌价值，使"韩国制造"成为全球制造业价值链中高端时尚产品的一个代表，从而不仅推动了韩国制造业向先进制造业的升级换代，也带动了韩国生产性服务业的整体发展水平，实现了与制造业的匹配互动。

三、印度承接服务外包模式

被誉为"外包王国"的印度，在发展生产性服务业方面非常有特色。数字经济时代，印度跃过了重工业和轻工业的发展，直奔新经济的核心软件业，承接了全球大量软件外包项目，并使之成为国民经济的支柱产业。

"服务外包"是印度经济发展不可或缺的推动力。作为全球低成本软件服务外包的领导者，在多年的服务外包经济发展中，印度不断提高本国的核心研发能力，走上了研发设计领域高价值附加值的发展道路。以软件外包为例，印度承接的业务已经从低端的编码和数据录入发展到中端的编程和网站维护，部分印度公司已经开始从事IT咨询、IT基础设施管理、系统集成，逐渐实现低价值附加值向高价值附加值的价值链高端产业升级。

从20世纪80年代开始，IT外包在印度出现；90年代中后期，印度外包业务已初具规模。近年来，印度的外包业务得到突飞猛进的发展。2009年以来，印度外包业务合同金额每年稳定增长。2017年，印度软件总收入达到298亿美元，以超过8%的年均复合增长率增长，在软件出口方面的就业人数达120万人，商业流程管理(BPM)软件服务外包占全球外包市场的37%；新增收入110亿美元，在过去5年中业绩持续增长超过600亿美元。①

印度短时间内实现软件开发生产性服务业从无到有的发展经验值得借鉴学习，总结起来有如下四个方面。

---

① 数据来源：印度国家软件与服务企业协会(NASSCOM)网站。

1. 不断提升国际产业价值链上的分工水平

根据价值链分工水平,软件外包业务包括信息技术外包(information technology outsourcing,简称 ITO)、商业流程外包(business processing outsourcing,简称 BPO)和知识流程外包(knowledge process outsourcing,简称 KPO)三种类型。ITO 指信息技术领域的外包,内容包括软件开发、信息管理、硬件维护、技术平台维护与整合等;BPO 强调业务流程的外包与管理,把企业的部分业务流程委托给外部服务商运作管理,以降低运营成本和提高运营效益,如数据采集、人力资源服务、供应链管理、客服与呼叫中心服务等;KPO 是 BPO 的高级阶段,相比之下,KPO 更注重高技术含量的研发活动外包,是知识密集型业务的外包,一般适用在知识产权开发、生物医药研究测试、工业设计、软件开发等领域。NASSCOM 统计报告显示:2010 年全球 BPO 离岸业务中,印度占 34% 的市场份额,位居世界第一;而在价值链更高的 KPO 业务中,印度公司的市场份额约占 70%,成为全球医药卫生服务、金融服务、软件、动漫设计与产品开发最成熟的目的地。

2. 与国际接轨,高度嵌入全球软件产业分工体系

印度本国软件企业直接参与国际软件市场外包项目的竞标,跨国软件企业在印度的独资或合资企业母子公司之间的知识转移,以及印度本土企业对专门知识的外国公司的海外并购,更加快了印度软件业的国际化进程。为了承接全球软件服务业的转移,印度政府在软件及相关生产性服务集聚的经济特区(SEZ)推出相关服务和配套政策,以刺激产业的发展。在 SEZ 地区,企业可享受非常优惠的税率激励措施。例如,所有进口到 SEZ 的货物及设备等免征关税,关税中约 4% 的特别附加税从 SEZ 地区进口到印度其他地区时免予征收;SEZ 中的企业在印度本地采购后可申请退还增值税;对进口到 SEZ 地区的本国产品全额退还生产税;印度国内跨州销售时免征中央销售税;企业在 SEZ 区采购的所有服务全免征服务税,在非 SEZ 区域采购和享用的服务可以得到全额退税,企业的所有出口服务全部免税,相关进项税亦可得到全额退税。

3. 重视行业监管，创造外部环境

印度政府和行业协会共同努力，在以下三个方面为服务产业创造良好的外部环境：一是实施严格的管理认证体系。印度对软件开发过程实行严格的管理和质量管控，采用规范的国际一流性能认证和质量体系认证标准，确保印度软件服务业的全球领先地位；二是重视知识产权保护。印度法律及印度法院对知识产权的保护和认可较为有力。法院对知识产权相关的案件非常重视，对侵权行为的惩罚包括查扣禁止、惩罚性赔偿及刑罚。印度每年在知识侵权诉讼的投入很高，知识产权保护行动具有较为显著的效果，为产业发展创造了良好的外部环境；三是良好的信息安全环境。信息安全管理是外包业务交付重要的考核要素。印度政府对信息安全环境采取了严格的规制措施，专门出台了《信息技术法》，严格规定了针对盗版软件、伪造电子签名、篡改源文件等行为的惩罚条款。在严格的法律法规约束下，印度的外包企业都非常重视信息安全，许多企业都引进并通过了信息技术服务管理体系国际认证标准（ISO20000、ISO27001），从而搭建了良好的信息安全环境。

4. 高水平的人才资源

印度作为全球领先的 IT 外包服务目的地，汇聚了大量高水平的人才资源。目前，印度拥有设置信息技术（IT）专业的大学 900 余所，每年输出超过 20 万名精通英语，能够进行国际沟通的信息技术人才。印度软件开发服务集聚了 300 万人，其中一半以上年龄在 25 岁以下，并且相较于发达国家，印度的高技能人才的工资水平要低很多，使得印度的外包服务保持低成本的竞争优势。

四、以色列打造"创新生态"模式

以色列地处亚洲西部，地中海东岸，资源匮乏、地域狭小，管辖国土面积仅有 2.57 万平方公里，人口约为 871 万人，约占世界总人口的千分之一。这个人口与地理上都不占优的小国，却是世界创新创业的"超级大国"，为世界贡献了 20% 的诺贝尔奖获得者，人均拥有创新企业数目居世界第一，在纳斯达克上市企业数目位于美、中之后，超过欧洲所有企业的总和。"以色列谷"（Israel Valley）已经成为世界上名副其实的第二个硅谷，享有"中东硅谷"的美誉；以色列也被称为"创新的国度"。以色列经济增长率曾多年保持在10%以上，2017年以色列人均国内生产总值超过4万美元，超越英、法、日等世界经济大国，居世界第20位。根据世界经济论坛《2016—2017年全球竞争力报告》，以色列在全球最具竞争力的144个国家和地区中排名第24位，在全球37个创新趋向型经济体中排名第三。

以色列与周边邻国政治与宗教文化关系复杂，堪称"危机四伏"；然而这个周边强敌环伺的弹丸之地，在建国之后的70多年时间里在经济发展方面选择了一条独具特色的科技兴国道路，以创新作为立国之本、强国之道，致力于发展高科技产业，在国防、信息通信、生物医药、环境科学等重要的高科技领域占据了全球领先的市场地位。在科技、经济领域创造出了如此多的奇迹，以色列多位一体的"创新生态"体系，足以值得我国深刻地研究与借鉴。

1. 政府高度重视创新

以色列从国家层面高度重视创新，出台了一系列政策和法律法规，加强政府服务和扶持，致力于打造"国家创新生态系统"。一是制定法律法规鼓励、保障创新。早在1985年，以色列就颁布了《鼓励产业研究与开发法》，规定了政府鼓励和资助产业研究与开发的一般原则，其中规定，所批准的研究与开发项目所需资金的2/3可以由政府提供。为了鼓励向处于初创阶段的高科技企业投资，2011年，以色列又颁布了《天使法》，规定符合资格的行为主体投资以色列高科技私营企业，可以从应纳税所得中扣除所投资的金额。同时，以色列实行了严格的知识产权保护制度，制定了《产权法》《商标条令》《版权法》等一系列法律法规。二是建立了完善的科技创新管理体制，保证全国科技工作有序运转。建国之初，以色列就制定了国家科技发展的长远战略规划。由科技部、经济部等13个部门共同组成国家科技决策体系，负责制定科技政策、设计发展规划和确定重点项目，形成合力以推进科技创新。从1974年起，以色列设立首席科学家办公室（The Office of the Chief Scientist），创立了首席科学家负责制，负责制定年度科技计划，资助科技研发，协调指导相应的科技活动,支持大学与企业构成研发联合体,促进产学研有机结合。该办公室下设多个部门,有科学家,也有从事风险投资的各类人员,每年该办公室拿出数亿美元资金对国内外项目进行资助,支持科技活动。三是加强创新服务。以色列政府成立了"创新局"服务创新企业,并且创造工作机会,针对不同目标有不同类型资金,支持高科技行业。"创新局"会有条件地贷款或者拨款给学术机构,转化基础研究成为产品;打造创新基础设施,联合学术机构和私有企业成立联盟,政府提供资金做基础研究;提供给个人和中小企业贷款,支持大公司投资于技术突破项目;等等。

2. 风险投资活跃

1992年,以色列政府投资1亿美元设立Yozma风险投资基金,并建立国有独资风险投资公司进行管理。Yozma计划是以色列为发展国内的风险投资产业而由政府推出的一个投资计划,目前已被公认为世界上最成功的政府引导型的风险投资推进计划之一(丹·塞诺,2010),旨在通过引导民间资金设立更多的商业性投资基金,以杠杆效应放大对创新型企业的支持。风投多了,企业不再受制于资金短缺,有利于打破发展瓶颈,创新环境也能更加完善。数据显示,20世纪90年代中期到2000年短短六七年间,以色列创业公司从100家猛增到800家,风险投资从5 800万美元迅速增长到33亿美元。进入21世纪以来,以色列的风险投资逐渐成为以色列经济发展的重要引擎,科技成果日新月异,中小企业充满活力,金融资本市场健康发展。自2013年起,以色列高科技行业的融资总额持续增长,2017年全年以色列高科技企业共实现620笔融资,融资总额为52.4亿美元(不含并购交易),较2016年的48.3亿美元(共673笔交易)增长了9%。

3. 高科技产业园发挥孵化作用

仅有30万人口的以色列北部城市海法,集聚了在全球创新格局中颇具影响力的高科技园区,全球顶级科技公司大多在此设立研究中心。以色列几乎每所大学都有自己的科技转化公司,成立科技孵化器,对高校的技术成果、知识专利、科研成果进行商业转化、专利注册和知识产权保护,也协助其与企业界进行谈判，以吸引企业对相关研发进行资助和将科研成果进行商业化转化。以色列大学是政府部门、企业和创业人才的桥梁，有利于创新型人才的挖掘和培养，为以色列创新体系的搭建提供智力支持。

4. 军队为创新提供温床

在以色列，18 岁全民兵役是一项基本制度，男性服役 3 年，女性服役 2 年。年轻人在军队中迅速成长，学会承担责任和团队合作。军队的经历，让所有人都充满了主人翁精神，充满了紧迫感，军队讲究团结、实践和竞争，这种既封闭又开放的大课堂，为培养良好的创新意识提供了温床，这对于以色列社会营造创业创新氛围有着良好的促进作用，从而为以色列贡献了众多创业创新人才。而以色列军队的科技创新投入也是超乎想象的，每年将 GDP 的 10% 投入到国防科技的研发中去，在通信、网络安全、信息技术等方面，以色列军队技术在世界上名列前茅。丹·塞诺在《创业的国度：以色列经济奇迹的启示》一书中提到，"以色列军队是世界上最好的孵化器"，其军工产业的产品和人才，大部分会被用来反哺民用，进一步推动了高科技产业的进步。

5. 文化为创新提供土壤

文化是创新的土壤，犹太人重视教育，热爱学习。如果一个以色列人有一个生意上的点子，就会想方设法将它付诸实践。学校特别注意学生的创业创新能力培养，重视将科技创新与商贸管理、经济、法学、文史哲等学科结合起来，既有鼓励创新的政策举措，也有宽容失败的文化氛围。以色列是个移民国家，实行双重国籍制度，以色列公民中国外出生的人占整个国家人口的 1/3。历史经验证明，移民国家对创新更积极，更包容。以色列人认为"创新本身就伴随着风险和挫折"，对失败的理解和包容成为共识。

五、对中国的启示与借鉴

美国、韩国、印度、以色列在生产性服务业的发展上各具特色，推进主体亦各不相同。美国的 IBM 模式是大企业由制造向服务转型的典型模式，硅谷则是产业集群发展的内生要求；韩国电子、数码产品、汽车需要高水平的研发、设计、品牌营销等生产性服务业与之匹配，三星电子、现代汽车等大企业与生产性服务部门密切配合，通过高水平的工业设计、研究开发、品牌设计等生产性服务不断提升产品的国际地位，大企业主导着产业升级的路径和方向；印度积极嵌入国际价值链体系，并通过不断提高生产性服务的知识含量提升价值附加值，从而向价值链高端转移，实现产业升级，而政府的税收优惠等政策扶持在产业升级过程中发挥着不可或缺的推进作用；"以色列谷"在发展高科技产业，培育创新企业集聚，建设创新型国家方面具有先进的理念和模式借鉴意义，其政府、大学、科技园区在成果孵化、商业转化方面的角色引导、协同匹配和社会环境营造方面各自发挥作用，共同创造了以色列的创新奇迹。

本研究将这些国家发展生产性服务业的经验进行归纳，其发展道路对中国发展生产性服务业，促进产业升级具有以下借鉴意义。

第一，重视产业链的整合与资源匹配。美国的硅谷模式和韩国的企业推进模式重视生产性服务业与制造业的资源匹配，实现了生产性服务业真正服务实体经济的目的。从产业链整合的角度看，韩国的汽车、电子、数码等产业的快速升级，证明了生产性服务业的发展是推进制造业升级的有效路径。我国是制造业大国，汽车制造、电子产品制造、服装制造等占有很大的国际市场份额，由制造业大国向制造业强国的发展，必须依靠生产性服务业的匹配和价值提升。基于我国雄厚的制造业基础，发展产业链上下游的生产性服务业，将对提升制造业的价值附加值具有积极意义。

第二，政府制定产业政策发挥引导作用。美国、韩国、印度、以色列政府都通过一系列政策措施引导和扶持相关生产性服务业的发展，例如税收优惠，鼓励风险投资，加强知识产权保护，创造有利于创新的文化环境，等等。政府不直接参与企业的市场行为，而是通过合理的政策引导，改善生产性服务企业的市场环境、降低企业创新风险、减轻企业经营压力，从而达到优化产业发展外部环境的目的。我国各级政府在引导产业发展方面，除了直接服务企业的税收政策、融资政策外，还应该重视知识产权、环境营造、配套服务等软服务，创造公平、健康的企业发展外部环境。

第三，充分发挥优势产业和企业的"孤峰效应"。创新总是起始于某个方面的突破，形成"孤峰"，进而发挥优势和带动作用。IBM、惠普、英特尔、三星电子等产业巨头，对一个地区乃至一个国家的产业升级都起到了积极的推动作用。我国应该充分培育优势产业，发挥大企业的创新引领作用，形成创新高地，进而带动产业升级。

第三章 产业关联与嵌入机理

本章将对生产性服务业的内涵和特征进行阐述，运用投入产业法计算生产性服务业的产业关联，从而得出制造业与生产性服务业的产业关联现状，并对生产性服务的外部化进行经济学分析。

第一节 生产性服务业概述

一、生产性服务业的内涵

随着我国先进制造业的进步，以及国家大力发展生产性服务业的政策引导，生产性服务业已成为我国最具活力和增长潜力的产业经济部门之一。生产性服务业是为生产过程提供中间投入服务的产业部门。最早对生产性服务业的研究始于1975年，勃朗宁和辛格曼（Browning and Singelmann）提出生产性服务业是"不直接用来消费、直接可以产生效用的产业"。在我国，生产性服务业近年来逐渐成为研究的热点领域。李善同、高传胜和薛澜（2008）认为，狭义上生产性服务是指提供给各个产业部门作为中间投入使用的服务；广义上则把满足消费者（居民、企业）对服务的最终消费需求以外的服务，都归结为生产性服务。李佳洺、孙铁山和张文忠（2014）认为，生产性服务业是指中间投入的服务，是产业分工专业化之后，服务市场化、外部化的产物，进而将生产性服务界定为 FIRE(finance, insurance and real estate, 即金融、保险、房地产业)和 PST(professional, science and technical services, 即商务服务业、信息服务业、科技服务业)两大类产业。生产性服务业是知识密集型产业，通过引入专业化的人力资本和知识资本，实现产品差异化和价值增值，从而推动制造业的进步和第二、三产业的融合。因此，从这个意义上说，生产性服务业是支撑科技进步的基本条件，是现代经济增长的主要动力(江小涓、李辉，2004)。

本研究将生产性服务业的概念定义为"面向生产、具有专业性和高知识含量的中间需求性服务业，为制造业提供中间投入，是一种中间生产消费"。在产业内容上包括研发设计、原料采购、仓储物流、市场营销，以及金融保险、商务服务、教育培训等支撑性管理环节。

二、生产性服务业的分类

在世界范围内，早期的学术研究对生产性服务业包括的产业内容进行了多视角的定义(见表3-1)。

表3-1 生产性服务业的产业范围

产 业 范 围	来 源
1. 金融；2. 保险；3. 法律及工商服务业	Browning and Singlemann, 1975
1. 金融；2. 保险；3. 运输；4. 大众传播；5. 会计；6. 研究开发；7. 资产服务业	Niles, 1990
1. 广告；2. 商业银行；3. 会计；4. 不动产；5. 法律服务；6. 研发；7. 技术咨询	Geo and Shanahan, 1990
1. 工程服务；2. 企业管理咨询；3. 会计；4. 设计；5. 广告	Coffey and Bailly, 1991

资料来源：裴长洪、彭磊(2008)。

随着生产性服务业在中国的发展，我国开始系统地对生产性服务业进行研究和分类。根据2003年国家统计局公布的《三次产业划分规定》中产业划分目录，生产性服务业涵盖的产业范围主要有以下五个方面。

1. 交通运输、仓储和邮政服务业。

2. 房地产、租赁和商务服务业。其中，商务服务业主要由企业管理服务、法律服务、咨询与调查及其他商务服务（如广告、会议、展览、包装服务等）构成。

3. 金融服务业。由银行、证券、保险业及其他金融活动（如金融信托与管理、金融租赁、典当服务等）组成。

4. 信息传输、计算机服务和软件业。其中，信息传输服务业由电信服务业和其他信息传输服务业（如广播电视传播服务、卫星传输服务等）组成；计算机服务业则包括计算机系统服务、数据处理、计算机维修等服务部门。

5. 科学研究、技术服务业。主要包括研究与试验发展、专有技术服务业、科技交流和推广服务业。

2014年，国务院颁布《关于加快发展生产性服务业促进产业结构调整升级的指导意见》（国发〔2014〕26号）（以下简称"《指导意见》"），对扶持发展生产性服务业作出了全面部署。《指导意见》将重点关注的生产性服务业归纳为11个主要任务，也被简称为"国11条"，指出我国生产性服务业重点发展研发设计、第三方物流、融资租赁、信息技术服务、节能环保服务、检验检测认证、电子商务、商务咨询、服务外包、售后服务、人力资源服务和品牌建设。

根据《指导意见》，为界定生产性服务业范围，建立各地区、各部门生产性服务业统计调查监测体系，国家统计局发布了《生产性服务业分类（2015）》，将生产性服务的分类范围明确界定为10个大类，包括为生产活动提供的研发设计与其他技术服务、货物运输仓储和邮政快递服务、信息服务、金融服务、节能与环保服务、生产性租赁服务、商务服务、人力资源管理与培训服务、批发经纪代理服务、生产性支持服务。

随着生产性服务业的不断发展，2019年国家统计局对《生产性服务业分类（2015）》进行了修订。本次修订延续了2015版的分类原则、方法和框架，根据新旧国民经济行业的对应关系，进行结构调整和行业编码的对应转换，并充分考虑与生活性服务业统计分类标准的衔接性，对部分内容进行了修订，形成《生产性服务业统计分类（2019）》，其中大类共有10个，与原分类保持一致；中类共有35个，比原分类增加1个；小类共有171个，比原分类增加36个。

第二节 嵌入关系与互动机理分析

一、生产性服务与制造业的嵌入关系

(一) 嵌入性的内涵

波兰尼(Polanyi, 1957)在其论著中阐述了"嵌入"的概念，他提出经济活动是一个制度过程，嵌入社会的各种制度安排和文化结构中。格兰诺维特(Granovetter, 1985)发展了波兰尼的嵌入性思想，提出经济活动是在社会网络内的互动过程中作出决定的。

本研究认为，嵌入关系是具有相互联结关系的产业链成员间构成的社会网络关系。生产性服务企业为制造业企业提供中间投入，基于产业链上下游的生产合作关系形成相应的嵌入关系。嵌入关系的形成有助于企业提高专业化水平和社会协作水平，产业链上下游企业之间的嵌入关系具有极强的内生发展动力，是企业竞争优势的源泉。

(二) 嵌入关系的类型

价值链理论基于企业内外部结构关系，为深刻理解生产性服务与制造业的嵌入关系提供了一个视角。

刘明宇、芮明杰和姚凯(2010)根据价值链上生产性服务与制造业各业务环节之间的联结方式，将嵌入关系分为关系性嵌入和结构性嵌入两种类型(如图3-1)。

1. 关系性嵌入

关系性嵌入主要描述价值链上的相互关系。具有关系性嵌入的生产性服务企业和制造业企业是价值链的共同创造者，通过服务外包实现规模经济，从而提高价值链效率。

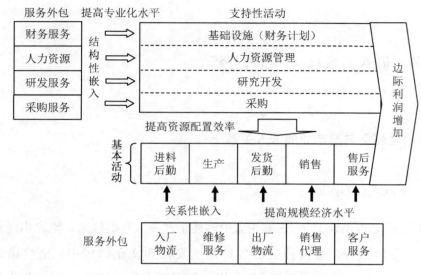

图 3-1 生产性服务业嵌入制造业价值链关系

资料来源：刘明宇、芮明杰、姚凯（2010）。

物流、维修、客服、营销等生产性服务嵌入制造企业的价值链中，通过频繁高效的知识和信息交流、业务往来，使制造业的生产经营活动得以顺利进行。关系性嵌入的组织之间通过顺畅的信息交互，促进企业内外部价值链加速融合。

2. 结构性嵌入

结构性嵌入描述了不同主体在价值链上互动而形成的网络关系，生产性服务环节通过结构性嵌入到制造业价值链中，为制造业注入更高的专业化水平，从而实现价值链运行效率的提高。

相较于制造企业的内部化服务，结构性嵌入制造业价值链的生产性服务具备更高的专业化水平，依托专业化的人力资本和智力支持提高了制造企业的要素配置效率。

二、生产性服务业与制造业的互动机理

严任远（2010）认为，并非每个价值链环节都能创造价值，只有"战略环节"才真正能够创造价值。生产性服务活动贯穿整个价值链，为制造业创造了

重要价值，是价值链上的"核心环节"。

核心能力是决定公司战略定位最关键的资源。企业专注核心技能，保持企业生产柔性（flexibility），有助于提高自身核心能力。我国不断推进经济增长方式的变革，必然要求制造企业专注于核心业务，而将非核心业务外包给专业化公司，发挥其专业化优势和规模效益，从而生产性服务实现加速成长。

生产性服务业嵌入制造业价值链，构成了相互加强的正反馈效应。如图3-2所示，生产性服务的嵌入价值链的基本活动和支撑性活动，极大提升了原有产业的专业化程度和规模经济水平，通过产业协同集聚提高了要素资源的配置效率，推动制造业的产业升级；而当制造业达到更高的层次水平后，将进一步专注于核心能力，提高对服务外部化规模和层次的需求，客观刺激了生产性服务的升级。这个正反馈回路说明制造业和生产性服务业存在相互促进的协同效应：一方面，生产性服务业的发展提高了制造业的运营效率；另一方面，制造业的升级又会激发对生产性服务业更加专业化的需求。在二者相互作用的过程中，两个产业都得到进步。

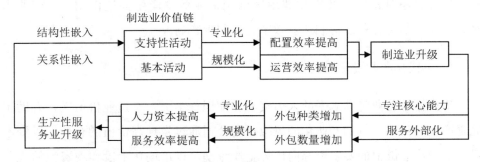

图3-2　产业升级过程中制造业和生产性服务业的互动机理

资料来源：刘明宇、芮明杰和姚凯（2010）。

综上所述，生产性服务嵌入制造业价值链环节，对于推动创新产生重要影响，具体表现在以下几个方面。

（一）提高要素供给水平

物流、营销、客服等生产性服务与制造业企业的关系嵌入，有助于组织间更顺畅的沟通交流，更高效率地传递生产经营信息，促使价值链各环节的融合与协同。此外，生产性服务通过对制造业企业的财务、人力资源、研发设计等辅助性活动的结构性嵌入，提供高于制造企业自身同类服务水平的专业化服务、高水平的人力资本和智力支持，优化要素配置。

（二）提高产业创新速度

在传统制造业中，由于工序和工艺的不可分割性，从投入到产出的各个环节都在企业组织内部进行。因而创新也局限于企业内部，由制造业企业独立完成。信息化和网络化极大缩短了产品迭代的周期，在市场竞争日益激烈的今天，任何一个企业都不具备创新的所有知识，必须从组织外部取得某些知识和资源。

生产性服务企业与制造企业之间通过学习和知识合作有助于提高创新速度。"技术联盟""共享知识平台""创新工场"等研发合作形式可以将产业链上的创新要素进行整合，知识共享将知识溢出的外部性内部化，有助于降低创新投入并提高知识创新速度（吴也白，2015）。张振刚、陈志明和胡琪玲（2014）通过实证分析发现，生产性服务业的发展不仅显著促进了本地区制造业效率的提升，并且还对相邻以及不相邻地区的制造业效率产生促进作用；其产业水平、规模、信息化程度对制造业效率有着积极影响。

（三）优化产业资源配置

生产性服务业将高水平的人力资本和知识资本引入制造业价值链，有助于完善产业链功能。例如专业化的风险投资公司通过发现高价值的企业，以资本投入引导产业链上的要素资源向优势企业流动，以市场化手段实现资源的优化配置。完善的市场机制与制造业基础、大量的廉价劳动力、良好的基础设施要素的综合作用，促进生产性服务业集聚，进一步优化资源配置（周静，2015）。

第三节 生产性服务业与制造业产业关联分析

本节基于投入产出法对中国相关产业数据实证分析，从而发现生产性服务业和制造业之间的关联程度。

一、投入产出法计算产业关联度的衡量指标

投入产出法反映了产业经济部门之间的经济技术关联,被广泛用于国民经济体系中的实物流量核算。运用这一分析方法的主要关联系数和衡量指标有以下几类。

(一)直接消耗系数

直接消耗系数是指某产业部门的总产出所直接消耗的其他部门的价值量,它反映了不同产业部门的产品在国民经济中的经济联系和直接消耗结构。直接消耗系数(m_{ij})可以通过如下公式计算求得:

$$m_{ij} = \frac{x_{ij}}{X_j} \quad (i, j=1, 2, \cdots, n) \qquad (3-1)$$

x_{ij}指j产业(产品)实现相应的总产出对i产业(产品)的消耗量,X_j代表j产业(产品)的总投入。

直接消耗系数越大,说明某一产业(产品)的产出对另一产业(产品)消耗的价值量越大,依赖性越强。

(二)中间投入率

中间投入也称中间消耗,是指用于生产活动而消耗的产品和服务。中间投入率(a_j)反映了某产业的中间投入值占总投入的比重,其计算公式为:

$$a_j = \frac{\sum_{i=1}^{n} x_{ij}}{\sum_{i=1}^{n} x_{ij} + N_j} \quad (j=1, 2, \cdots, n) \qquad (3-2)$$

其中,$\sum_{i=1}^{n} x_{ij}$代表j产业的中间投入,N_j代表该产业的增加值。中间投入率越高,说明该产业对上游产业的直接带动能力越强;反之,则说明该产业的带动能力越弱。此外,给定某产业的总投入,中间投入率与产业增加值之间

存在此消彼长的关系，中间投入率越高，说明该产业的附加值率越低，而中间投入率越低，则说明该产业的附加值率越高。

(三) 中间需求率

中间需求率(k_i)是指国民经济其他部门对某一部门的需求比率。比率越高，表明其他部门对该部门的需求越强，该部门越具有中间产业的性质。中间需求率公式记为：

$$k_i = \frac{\sum_{j=1}^{n} x_{ij}}{\sum_{j=1}^{n} x_{ij} + Y_i} \quad (i=1, 2, \cdots, n) \quad (3-3)$$

其中，$\sum_{j=1}^{n} x_{ij}$ 表示 i 产业在国民经济中的中间需求量，Y_i 表示其最终需求量，$\sum_{j=1}^{n} x_{ij} + Y_i$ 即为其他产业部门对 i 产业产品的总需求量。

(四) 影响力系数

影响力系数(F_j)反映了某产业部门对其他产业部门的需求拉动程度。记为：

$$F_j = \frac{\sum_{i=1}^{n} \overline{b_{ij}}}{\frac{1}{n} \sum_{i=1}^{n} \sum_{j=1}^{n} \overline{b_{ij}}} \quad (j=1, 2, \cdots, n) \quad (3-4)$$

其中，$\sum_{i=1}^{n} \overline{b_{ij}}$ 表示里昂惕夫逆矩阵的 j 列的列和，$\frac{1}{n} \sum_{i=1}^{n} \sum_{j=1}^{n} \overline{b_{ij}}$ 是里昂惕夫逆矩阵的第 j 列之列和的平均值。对影响力系数进行计算会得到三种情况：

当 $F_j = 1$ 时，表示第 j 部门的生产对其他部门所产生的波及影响程度等于社会平均影响水平(即各部门所产生波及影响的平均值)；

当 $F_j > 1$ 时，表示第 j 部门的生产对其他部门所产生的波及影响程度超过社会平均影响水平；

而当 $F_j < 1$ 时，表示第 j 部门的生产对其他部门所产生的波及影响程度低于社会平均影响水平。

因此，影响力系数越大，说明该产业对国民经济其他部门的拉动作用越强。

（五）感应度系数

感应度系数(E_i)指当国民经济所有的产业部门都增加一个单位最终使用的情况下，第 i 产业所受到的需求感应程度。

$$E_i = \frac{\sum_{j=1}^{n} \overline{b_{ij}}}{\frac{1}{n} \sum_{i=1}^{n} \sum_{j=1}^{n} \overline{b_{ij}}} \quad (i=1, 2, \cdots, n) \quad (3-5)$$

其中，$\sum_{j=1}^{n} \overline{b_{ij}}$ 为里昂惕夫逆矩阵第 i 行的行和，$\frac{1}{n} \sum_{i=1}^{n} \sum_{j=1}^{n} \overline{b_{ij}}$ 为里昂惕夫逆矩阵第 i 行的行和平均值。计算可得三种情况：

当 $E_i = 1$ 时，表示第 i 部门所受到的感应程度等于社会平均感应程度水平；

当 $E_i > 1$ 时，表示第 i 部门所受到的感应程度高于社会平均感应程度水平；

当 $E_i < 1$ 时，表示第 i 部门所受到的感应程度低于社会平均感应程度水平。

二、数据来源及处理

（一）数据来源

《中国投入产出表》每 3—5 年编制一次。本研究基础数据来源于 1997 年、2002 年、2007 年、2010 年和 2015 年《中国投入产出表》。需要说明的是，不同年份投入产出表的部门分类都有所不同，其中《1997 年投入产出表》仅有 40 个部门分类，而其他年份投入产出表都为 42 个部门分类；因此在数据统计过程中进行了数据合并和处理。

（二）数据处理

根据国民经济产业部门划分，对《投入产出表》的产业部门归类合并为一、二、三次产业。其中，第二产业划分为采掘业、制造业、水电煤供应业和建筑业四个亚类；第三产业分为生产性服务业和生活性服务业两个亚类。在生产性服务业中，进一步将生产性服务业界定为交通运输、仓储和邮政业、信息传输与计算机服务和软件业、金融业、租赁和商务服务业、科学研究和技术服务业五大类产业部门。

三、生产性服务业的产业关联分析结果

（一）三次产业增加值及其比重比较

经过对基本数据进行处理，获得三次产业和主要部门增加值的总量，并将每项增加值除以整个经济部门增加值合计，求得每个部门的增加值比重，以考察其在经济发展中作出的贡献，由此得出两个结论。

一是从我国国民经济产业结构来看，第二产业始终占据主导地位。2007年我国产业结构为10∶51∶39；2010年我国产业结构为10∶49∶41，与2007年相比，三次产业结构中，第三产业比重略有提高，而制造业比重稳中有降；2015年，我国三次产业结构为9∶41∶50，与2007年相比，第三产业比重大幅提高，占国民经济比重达一半（见表3-2）。

表3-2 我国三次产业和主要部门增加值总量与比重

产业部门	2007年 增加值（万元）	增加值比重	2010年 增加值（万元）	增加值比重	2015年 增加值（万元）	增加值比重
第一产业	286 591 737.69	0.10	405 336 000.00	0.10	629 040 500.29	0.09
第二产业	1 344 952 801.60	0.51	1 961 626 456.36	0.49	2 755 629 484.89	0.41
采掘业	140 283 476.83	0.05	219 915 209.35	0.05	182 319 658.78	0.03
制造业	966 795 253.08	0.36	1 353 041 718.69	0.34	1 955 141 517.86	0.29
水电煤供应业	92 739 558.88	0.03	122 059 732.76	0.03	152 809 861.25	0.02
建筑业	145 134 512.81	0.05	266 609 795.56	0.07	465 358 447.00	0.07
第三产业	1 028 893 571.58	0.39	1 669 527 296.85	0.41	3 417 871 176.12	0.50
生产性服务业	423 181 869.63	0.16	854 986 575.83	0.21	1 356 828 724.46	0.20
生活性服务业	605 711 701.95	0.23	814 540 721.01	0.20	2 061 042 451.67	0.30
增加值合计	2 660 438 110.87	1.00	4 036 489 753.21	1.00	6 802 541 161.31	1.00

二是从服务业内部结构来看，2002年以来第三产业中的生产性服务业发展大幅提高。2010年，生产性服务业增加值是1997年的7倍，其经济总量呈逐步提高态势，占总体产业增加值的比重达21%，占第三产业增加值比重为51%，说明生产性服务业开始成为国民经济中的重要部门，得到快速发展。2015年，第三产业占国民经济的比重达50%，第三产业比重提升主要是因为生活性服务业比重增加，生产性服务业的比重与5年前基本一致（见表3-3）。

表3-3 生产性服务业占第三产业增加值比重

项目		第三产业	生产性服务业
1997年	增加值（万元）	201 780 216.55	119 874 228.02
	占第三产业比重		0.59
	占总体比重	0.28	0.17
2002年	增加值（万元）	501 271 907.07	181 483 428.08
	占第三产业比重		0.36
	占总体比重	0.41	0.15
2007年	增加值（万元）	1 028 893 571.58	423 181 869.63
	占第三产业比重		0.41
	占总体比重	0.39	0.16
2010年	增加值（万元）	1 669 527 296.85	854 986 575.83
	占第三产业比重		0.51
	占总体比重	0.41	0.21
2015年	增加值（万元）	3 417 871 176.12	1 356 828 724.46
	占第三产业比重		0.40
	占总体比重	0.50	0.20

（二）三次产业对生产性服务业的依赖度

三次产业对生产性服务业的依赖度，可以通过计算直接消耗系数得到。直接消耗系数越大，说明某一部门对另一部门的依赖性越强。

表3-4列出了第二、三产业以及其中细分产业的直接消耗系数。比较发现：制造业对生产性服务业的直接消耗系数相对较低；而生产性服务业对于制

造业的直接消耗系数则相对较高。这说明制造业对其的依赖程度较低；而生产性服务业对制造业的依存度较高。2002 年到 2010 年的 8 年间，制造业对生产性服务业的直接消耗系数从 0.224 3 逐年提高到 0.272 2，反映出制造业的发展越来越多地依赖于生产性服务业的中间投入，生产性服务正发挥着越来越重要的支撑作用，然而这一系数在 2015 年又跌至 0.201 6，说明生产性服务业作为一个独立的产业部门，制造业对其的依存度还不够持续稳定。

表 3-4 第二、三产业直接消耗系数

产品部门(i)	产业部门(j)				
	年份	第二产业	制造业	第三产业	生产性服务业
第二产业	2002	0.642 7	0.610 8	0.241 9	0.226 7
	2007	0.631 6	0.647 8	0.250 6	0.264 9
	2010	0.614 8	0.638 4	0.243 7	0.260 8
	2015	0.636 5	0.630 4	0.192 0	0.220 5
制造业	2002	0.530 2	0.550 1	0.189 2	0.224 3
	2007	0.514 9	0.549 4	0.225 5	0.246 6
	2010	0.554 0	0.602 8	0.245 1	0.272 2
	2015	0.495 2	0.529 4	0.170 4	0.201 6
第三产业	2002	0.061 6	0.074 0	0.221 7	0.223 6
	2007	0.092 4	0.083 6	0.201 3	0.210 0
	2010	0.116 2	0.107 2	0.226 5	0.248 1
	2015	0.145 5	0.134 0	0.275 8	0.328 2
生产性服务业	2002	0.051 7	0.044 0	0.106 8	0.127 4
	2007	0.060 3	0.051 7	0.118 8	0.134 8
	2010	0.083 9	0.072 9	0.132 2	0.140 3
	2015	0.092 2	0.077 2	0.177 6	0.228 7

表 3-5 列出了制造业与生产性服务业内部各产业的直接消耗系数，可以发现：一方面，制造业在生产性服务业中的各产业中消耗最多的依次为交通运输、仓储和邮政业、金融业、租赁和商务服务业，说明这些产业对于制造业的支撑作用更强；另一方面，从生产性服务业中各部门对制造业的消耗情况来看，租赁和商务服务业对于制造业的直接消耗系数最大，其次分别为科学研究和技术服务业、交通运输、仓储和邮政业。两者相结合可以发现，交通运输、仓储和

邮政业、租赁和商务服务业两大产业部门与制造业之间存在较为紧密的互动关联性，而制造业对于科学研究和技术服务业的直接消耗则相对较低，说明科学研究和技术服务业对制造业发展的直接推动作用有待进一步加强。

表3-5 制造业与生产性服务业内部各产业的直接消耗系数表(2015)

投入	产出 制造业	交通运输、仓储和邮政业	信息传输、计算机服务和软件业	金融业	租赁和商务服务业	科学研究和技术服务业	生产性服务业
制造业	0.529 4	0.235 3	0.195 7	0.037 7	0.352 5	0.287 3	0.201 6
交通运输、仓储和邮政业	0.027 5	0.159 7	0.013 9	0.019 3	0.059 1	0.036 1	0.228 7
信息传输、计算机服务和软件业	0.002 5	0.010 9	0.132 9	0.023 14	0.007 0	0.005 1	0.066 4
金融业	0.022 1	0.088 7	0.034 6	0.067 5	0.071 9	0.040 5	0.028 4
租赁和商务服务业	0.017 1	0.015 4	0.050 5	0.072 4	0.075 0	0.026 1	0.067 0
科学研究和技术服务业	0.007 9	0.001 4	0.007 8	0.001 0	0.000 3	0.140 6	0.049 6
生产性服务业	0.077 2	0.276 2	0.239 7	0.183 3	0.213 4	0.248 4	0.017 2

(三) 产业中间投入分析

中间投入率越高，说明该产业对上游产业的直接带动能力越强，反之，则说明该产业的带动能力越弱。此外，给定某产业的总投入，中间投入率与产业增加值之间存在此消彼长的关系：中间投入率越高，说明该产业的附加值率越低；而中间投入率越低，则说明该产业的附加值率越高。

表3-6显示，我国第二产业的中间投入率整体达到0.7以上(0.767 1、0.777 4、0.792 4)，说明我国第二产业具有较强的产业带动力，其中制造业的中间投入率最高，2015年达到0.805 3，可见制造业的发展对于其他产业发展有着很强的推动作用。

表3-6 三大产业的中间投入率

产业部门	2007年	2010年	2015年
第一产业	0.413 8	0.415 3	0.412 4
第二产业	0.767 1	0.777 4	0.792 4
采掘业	0.544 1	0.547 9	0.661 3
制造业	0.785 8	0.801 8	0.805 3
水电煤供应业	0.716 6	0.744 3	0.773 0
建筑业	0.768 6	0.739 5	0.769 5
第三产业	0.465 2	0.447 1	0.471 7
生产性服务业	0.481 8	0.525 8	0.549 3
生活性服务业	0.453 0	0.385 7	0.404 1

表3-7列出了生产性服务业内部各行业的中间投入率。2007年以来，信息传输、计算机服务和软件业的中间投入率实现大幅增长，从2007年的0.399 7增长到2010年的0.473 4，再到2015年的0.515 8，三个年份之间增长率分别达到18.44%、8.96%；研究技术服务业2015年的中间投入率为0.641 3，较2010年的0.533 1增长20.30%，说明这些行业的产业带动能力逐年提升。

表3-7 生产性服务业内部各行业的中间投入率

产业部门	2007年	2010年	2015年
制造业	0.785 8	0.801 8	0.805 3
交通运输、仓储和邮政业	0.524 1	0.605 6	0.625 6
信息传输、计算机服务和软件业	0.399 7	0.473 4	0.515 8
金融业	0.310 5	0.350 2	0.344 2
租赁和商务服务业	0.676 9	0.642 4	0.716 7
科学研究和技术服务业	0.513 1	0.533 1	0.641 3
生产性服务业（整体）	0.481 8	0.525 8	0.549 3

（四）三大产业对生产性服务业的中间需求情况分析

中间需求率反映了某产业产品在国民经济各产业部门中的中间使用量。

表 3-8 列出了相关产业的中间需求率，可以看出，生产性服务业的中间需求率均超过 0.7(2007 年 0.730 3；2010 年 0.776 6；2015 年 0.763 6)，远远高于生活性服务业的 0.3 左右。如果回顾一下生产性服务业的含义，就不难理解服务于其他生产部门正是界定生产性服务业的主要依据。

表 3-8 三大产业和部分产业部门的中间需求率

产 业 部 门	2007 年	2010 年	2015 年
第一产业	0.702 4	0.777 7	0.786 2
第二产业	0.732 8	0.724 8	0.666 1
采掘业	1.328 7	1.364 6	0.988 7
制造业	0.775 7	0.768 2	0.720 5
水电煤供应业	0.945 5	0.934 1	0.919 5
建筑业	0.031 9	0.033 8	0.065 5
第三产业	0.494 9	0.517 5	0.560 0
交通运输、仓储和邮政业	0.828 2	0.898 5	0.803 5
信息传输、计算机服务和软件业	0.549 9	0.486 0	0.458 9
金融业	0.747 2	0.774 7	0.809 6
租赁和商务服务业	0.778 6	0.752 5	0.995 9
科学研究和技术服务业	0.856 5	0.733 7	0.722 1
生产性服务业	0.730 3	0.776 6	0.763 6
生活性服务业	0.321 3	0.315 6	0.380 6

再深入一步，通过分析其他产业部门对生产性服务业中各产业部门的需求比重可以发现：第二产业总体对生产性服务业的中间需求所占比重为 68.22%，远远高于其他产业；制造业对生产性服务的中间需求所占比重为 54.31%，说明了制造业的发展要依托生产性服务业的中间投入。由此可见，生产性服务业对制造业的发展速度具有更为深刻的影响(见表 3-9)。

表3-9 生产性服务业在各产业的中间需求分析(2015)

产业部门	各产业对生产性服务业的中间需求(元)	所占比重(%)
第一产业	875 920 640.40	6.00
第二产业	9 954 746 657.34	68.22
采掘业	692 125 596.13	4.74
制造业	7 924 923 269.58	54.31
水电煤供应业	1 211 525 107.03	8.30
建筑业	126 172 684.60	0.86
第三产业	380 804 190.05	25.78
交通运输、仓储和邮政业	706 503 128.03	4.84
信息传输、计算机服务和软件业	183 265 583.24	1.26
金融业	722 643 898.13	4.95
租赁和商务服务业	543 665 599.53	3.73
科学研究和技术服务业	246 324 276.30	1.69

(五)影响力系数和感应度系数分析

影响力系数反映了某产业部门产出水平的变化对国民经济其他产业部门的影响程度；感应度系数反映的是某产业部门产出水平的变化对另一相关产业的需求感应程度。本研究通过对影响力系数和感应度系数的计算，研究两大产业之间的影响和需求关系。

表3-10显示，生产性服务业对制造业的感应度系数为1.279 5，影响力系数为1.115 9，均大于1，说明制造业对生产性服务业的影响程度和需求的感应程度均高于社会平均水平。

表3-10 制造业与生产性服务业的感应度系数和影响力系数(2015)

产业部门	感应度系数	影响力系数
制造业	1.279 5	1.115 9
生产性服务业	0.720 5	0.884 1

进一步分析生产性服务业内部各产业部门对整体制造业的影响力和感应度。表3-11显示，交通运输邮政业(1.012 9)、租赁和商务服务业(1.098 4)，以及研究技术服务业(1.070 8)的影响力系数大于1，表明制造业对这三个产业部门的影响程度高于社会平均水平，意味着对这些部门的拉动作用更大；然而，信息业的影响力系数为0.940 9，金融业的影响力系数为0.696 2，均小于1，表示制造业对信息业和金融业的影响程度低于社会平均影响水平。

此外，研究发现生产性服务业的感应度系数普遍小于1(见表3-11)，表明制造业对这些部门的感应程度低于社会平均感应程度水平，依赖程度不高。

表3-11 整体制造业对生产性服务业内部各行业的影响力系数和感应度系数表(2015)

产业部门	感应度系数	影响力系数
交通运输、仓储和邮政业	0.761 1	1.012 9
信息传输、计算机服务和软件业	0.603 2	0.940 9
金融业	0.753 3	0.696 2
租赁和商务服务业	0.691 4	1.098 4
科学研究和技术服务业	0.593 3	1.070 8

综上所述，本节从投入产出的5个重要指标切入，基于投入产出表数据，系统分析了我国生产性服务业与制造业之间的产业关联，主要结论总结如下：

1. 第二产业始终在我国经济结构中占据主导地位。而截至2015年，我国第三产业中生产性服务业的发展虽逐步提升，但相较于制造业的整体发展，其起到的支撑作用仍显不足。

2. 从直接消耗系数来看，生产性服务业与三大产业部门的互动关系非常紧密。然而这样的互动作用仅停留在基础层面，尤其是制造业对于科学研究和技术服务业的直接消耗率很低，说明在技术研究服务还未能实现对工业全面深入的推动作用。发展技术研究相关产业有助于提高制造业的产业附加值，增强制造业的竞争力和产出水平，优化产业结构。

3. 从制造业和生产性服务业的需求关系来看，制造业对生产性服务业存在很高的拉动作用，无论从中间需求比重来看，还是从感应度系数来看，都反映出生产性服务业对制造业有着很高的依存度。

4. 制造业对传统生产性服务业的依赖程度要高于对研发、信息和金融等现代服务业的依赖，主要是因为我国制造业的技术密度总体水平不高，特别是以加工贸易出口为导向的制造业，对交通运输和租赁等基本需求要高于对技术服务；因此技术服务业对于制造业的叠加作用不高。

"十三五"时期，我国制造业进一步实现了转型升级，高技术制造业增加值显著提高，信息与通信技术、科学研究与技术服务等生产性服务业与制造业的产业关联度不断提升，有待相关数据发布后开展进一步研究。

第四节 生产性服务外部化的经济学分析

随着分工的不断深化和竞争的加剧，一些非核心要素部门的生产性服务活动，从制造业内部逐步剥离成为独立的企业，制造业企业通过外部购买获得中间产品或服务，这被称为生产性服务的外部化。分工深化和成本优势催化了生产性服务的外部化动机，而专业化的生产性服务又提高了制造业的生产效率，增强制造业的竞争力。加快生产性服务的外部化，是当今制造业企业主要的变革方向；因此，探索生产性服务的外部化的理论与实践，将有助于提升制造业企业竞争力，推动制造业发展。

一、生产性服务外部化的内生动因

在产业经济学领域，分工被作为一个主导性的分析框架用来解释报酬递增和新经济现象。生产性服务业的产生是专业化分工不断深化的结果，我们借助贝克尔-墨菲（Becker-Murphy）劳动分工模型，以劳动分工为切入，构建生产性服务深化劳动分工，从而实现外部化经济的分析模型。

生产性服务作为中间投入品提供到制造业的各个生产环节中，在本模型中，将这种中间投入品定义为"中间产品"。假设制造业的任意最终产品可以分解为多种独立的中间产品,每种产品可以由一个工人独立承担加工生产,这些工人依据工序分工而连接成生产团队。一个最终产品所需要的中间投入产品越多,意味着其专业化水平越高。由于假定每个工人承担一个中间产品的生产,因此生产团队的人数 n 可以作为反映分工程度的指标。

假设从事不同中间投入产品生产的工人,具有相同的初始能力。定义某中间产品为 s,生产工作为 w,则有 $w(s)=1/n$。每个工人的工作时间由两部分构成,一是用于其所从事的投入品生产的工作时间,记为 $T_w(s)$,二是用于提高专业化技能的学习时间,记为 $T_k(s)$,则有:

$$T(s)=T_w(s)+T_k(s) \tag{3-6}$$

设定某中间产品 s 的产出为 $Y(s)$,生产效率为 $E(s)$,则有:$Y(s)=E(s)T(s)$。

$T(s)$ 的效率,通过 $T_w(s)$ 和 $T_k(s)$ 的最优分配,可以有效提高产出水平。某中间产品的生产函数 $Y(s)$ 可以表示为:

$$Y(s)=A(\theta)H^\theta T(s)^{1+\theta} \tag{3-7}$$

式(3-7)中,技术进步因子记为 A,专业化知识学习能力指数记为 θ,则有:

$$A=d\theta^\theta(1+\theta)^{1+\theta} \tag{3-8}$$

如果每个工人在每一中间产品的生产中分配一单位时间,则有 $T_w(s)=\frac{1}{n}T(s)$,则生产函数 Y 可以表示为:

$$Y=AH^\gamma n^{1+\theta} \tag{3-9}$$

相应地,团队中每个工人的生产函数 y_0 表示为:

$$y_0=\frac{y}{n}=AH^\gamma n^\theta \tag{3-10}$$

式(3-10)说明产量与人力资本和分工程度成正比,分工程度越高,产生的人均收益越高,从而促进生产率的提高。随着中间投入(即生产性服务)规模的扩大,单位成本逐步降低,规模报酬递增效应得到显现。当交易费用为零时，生产性服务从制造业中分离的动力与其规模经济水平成正相关关系。生产性服务(即从事中间投入生产的团队)的人力资本水平(H)与制造业的产量成正相关，生产性服务的人力资本水平越高，制造企业更倾向于将这些服务外部化。

由于生产环节的外部化必然产生交易费用，下面讨论交易费用不为零的情况。

设定交易费用函数为 $C = C(n)$，$C(n) > 0$。

定义交易费用为 C，则 C 与 n(即团队人数)成正比，此外，定义外部因素(如协调沟通)为 λ。总产出函数可以表示为：

$$y_c = y(H, n) - C(n) = AH^\gamma n^\theta - \lambda n^\beta, \quad y_c(n) > 0, \quad C(n) > 0 \tag{3-11}$$

由于 $\frac{\partial}{\partial H}\left(\frac{\partial y}{\partial n}\right) = y_{nh} > 0$，知识的累积一方面提高了中间产品的平均产出，也提高了团队的总体边际产出。总产出随着人力资本(H)和分工的规模上升而上升，随交易费用参数 λ 的上升而下降。这意味着中间投入品，即生产性服务将大量人力资本引入制造业，同时促进了分工规模和分工水平的提高，对提高制造业总体产出水平具有积极意义。

由于交易费用的存在，当中间投入品不断增加时，分工规模也随之扩大，从而交易费用不断增长。因此，存在一个最佳团队规模，即最优分工规模。

根据人均产出函数(式 3-10)，得到某一时期(t)最佳团队规模，从而可以确定最优中间投入品的数量：

$$n_t^* = \left(\frac{\theta}{\beta\lambda_t}\right)^{1/(\beta-\theta)} A_t^{1/\beta} H_t^{\gamma/(\beta-\theta)} \tag{3-12}$$

在最优分工水平基础上，可以求得最佳产出为：

$$y_t^* = \lambda_t^{-\theta/(\beta-\theta)} A_t^{\beta/(\beta-\theta)} H_t^{\gamma\beta/(\beta-\theta)} \tag{3-13}$$

对上式求导，可得：

$$\frac{\mathrm{d}\log y}{\mathrm{d}t} = \frac{\gamma\beta}{\beta-\theta}\frac{\mathrm{d}\log H}{\mathrm{d}t} + \frac{\beta}{\beta-\theta}\frac{\mathrm{d}\log A}{\mathrm{d}t} - \frac{\theta}{\beta-\theta}\frac{\mathrm{d}\log \lambda}{\mathrm{d}t} \tag{3-14}$$

可见，最优分工水平随人力资本水平上升而上升，随交易费用参数下降而上升。从事某中间投入品生产的工人的产量与人力资本水平、技术进步成正相关，与交易费用参数成负相关。社会劳动分工深化加深了生产服务外部化的程度，导致中间服务部门的数量扩大，也导致市场交换过程中的交易费用总量提高。此外，劳动分工的深化还导致专业化程度、规模经济水平和劳动生产率的提高。如果对外部化带来的边际收益与交易费用上升带来的边际成本进行比较，那么当前者大于后者时，生产性服务的外部化便成为理性的发展选择。

通过上述模型分析，生产性服务外部化的内生动因可以根据分工理论得到解释：

1. 生产性服务的规模经济水平是生产性服务从制造业中分离的动力源泉。生产性服务的规模经济水平越高，其从制造业中分离的动机越强；

2. 生产性服务的人力资本专业化水平，对制造企业的外包决策具有正向的影响，高水平的人力资本有助于提高制造企业的劳动生产率，服务外包较制造企业内部生产更具优势；

3. 存在交易费用的情况下，生产性服务的外包决策取决于外包的边际收益与边际成本的比较。如果外包的边际收益大于外包的边际成本，那么制造业选择服务外包则是理性的选择。

二、影响生产性服务外部化的制约因素

基于分工模型的分析说明生产迂回性和专业化水平在提高生产效率和产出水平的同时，必然带来交易环境、交易次数和交易频率的增加，从而提高交易成本。从这个意义上说，企业在考虑是否进行服务外部化时，必须考虑外包的边际收益与交易费用提高的边际成本，交易成本的存在阻碍了分工的深化，限制了生产迂回化程度的增加；因而，降低交易费用有助于提高分工水平，加快推动生产性服务业从制造业中逐步分离。

威廉姆森（Williamson，1987）认为，交易费用包括为了完成交易所花费的"事前交易成本"和达成交易后履行契约的"事后交易成本"。下面将通过模型分析，说明交易成本在生产性服务外部化过程中的作用与影响。

假设市场上存在生产性服务企业（下称"卖方"）和制造业企业（下称"买方"），定义 q 为某商品或服务的交易数量，v 为单位商品的交易价格，c 为单位商品的生产成本。当 $v > c$ 时，双方潜在的交易剩余记为：

$$S = (v-c)q \qquad (3-15)$$

当双方都保留有收益时，交易剩余还受到保留收益的影响。保留收益即参与交易的机会成本，定义 R_b 和 R_s 分别为买方和卖方的保留收益。保留收益包括两部分：一是预期收益，即一方转换交易对象后的预期收益，设定 P_b 和 P_s 分别为买方和卖方的当前成交价格预期，则如果放弃当前交易寻找新交易对象，买方和卖方的预期收益分别为 $E_b = (v - P_b)q$，$E_s = (P_s - c)q$；二是选择交易对象的转换成本，包括搜寻成本、不确定性带来的风险成本等，有 $C_b = \dfrac{\alpha_b}{n_s - 1}$，$C_s = \dfrac{\alpha_s}{n_b - 1}$。其中，$\alpha_b$ 和 α_s 分别表示买方和买方寻找新交易对象的难度系数，n 表示市场可供选择的潜在交易对象。因此买方的保留收益可以表示为：$R_b = E_b - C_b = \delta_b(v - P_b)q - \dfrac{\alpha_b}{n_s - 1}$，$R_b \geqslant 0$；卖方的保留收益可以表示为：$R_s = E_s - C_s = \delta_s(P_s - c)q - \dfrac{\alpha_s}{n_b - 1}$，$R_s \geqslant 0$。其中，$\delta_b$ 和 δ_s 为买方和卖方的风险收益贴现，满足 $\delta_s < 1$，$\delta_b < 1$。

由于交易剩余的归属不确定，买卖双方都希望获得一个对自己有利的价格，因此不可避免地会发生交易费用。交易费用（T）取决于交易剩余中扣除双方保留收益后的余额部分，因此有：

$$T = S - (R_b + R_s) = S - \left[\delta_b(v - P_b)q - \dfrac{\alpha_b}{n_s - 1} + \delta_s(P_s - c)q - \dfrac{\alpha_s}{n_b - 1}\right] \qquad (3-16)$$

由于现实生活中交易费用不能小于零，因此，上式需满足 $S \geqslant (R_b + R_s)$。

根据纳什议价模型，交易剩余 S 在买卖双方之间的分割要求买卖双方获得的乘积最大：

$$\max_x [xS - R_b] \times [(1-x)S - R_s] \qquad (3-17)$$

$$s.t.\ xS \geqslant R_b, \quad (1-x)S \geqslant R_s$$

其中，x 为买方所得保留收益的份额，$(1-x)$ 为卖方所得份额。由式(3-17)可以得到均衡时买方和卖方交易所得分别为：

$$x^*S = R_b + \frac{1}{2}(S - R_b - R_s) \quad (3-18)$$

$$(1-x^*)S = R_s + \frac{1}{2}(S - R_b - R_s) \quad (3-19)$$

借助宏观经济学中理性预期的思想，交易剩余的均衡分配要求有 $P_e = P_b = P_s$，均衡分割要求满足：

$$x^* = \frac{v - P_e}{v - c} \quad (3-20)$$

其中，P_e 为预期成交价格，v 为买方获得的商品价值，c 为卖方的成本。利用最优解的表达式(3-17)，可以得到预期成交价格：

$$P_e = \frac{v + c - \delta_b v - \delta_s c}{2 - \delta_b - \delta_s} + \frac{1}{q(2 - \delta_b - \delta_s)}\left(\frac{\alpha_b}{n_s - 1} - \frac{\alpha_s}{n_b - 1}\right) \quad (3-21)$$

为简化分析，假定 $\delta_e = \delta_b = \delta_s$，则式(3-21)可以简化为：

$$P_e = \frac{v + c}{2} + \frac{1}{2q(1 - \delta_e)}\left(\frac{\alpha_b}{n_s - 1} - \frac{\alpha_s}{n_b - 1}\right) \quad (3-22)$$

式(3-22)说明，若买家数量减少，将导致价格下降，若卖家数量减少，将导致价格上升。

进一步分析交易费用的影响。将式(3-22)代入交易费用表达式(3-16)，可得：

$$T = (1 - \delta)S + \left(\frac{\alpha_b}{n_s - 1} - \frac{\alpha_s}{n_b - 1}\right) \quad (3-23)$$

式(3-23)说明，当 $n_s > 1$，且 $n_b > 1$ 时，对于买方和卖方而言，交易人数增加都将减少未分配利益，从而降低交易费用。

从交易费用的视角研究降低生产性服务外部化的成本，可以得到以下结论：

1. 生产性服务企业和制造业企业建立基于信任的长期合作关系有助于减少

交易费用；

2.生产性服务企业数量增加，有助于减少交易费用，降低交易价格。

三、生产性服务外部化动因的整合分析

对生产性服务外部化的内生动因及其制约因素的分析表明，制造业企业是否把某项生产性服务外部化，最主要取决于其成本要素。

图3-3表示了生产性服务外部化的选择要素。将成本要素简化为交易成本(C_1)和管理成本(C_2)，在C_1和C_2的交点A左侧，$C_1 < C_2$，说明外部化的收益大于成本，外部化的利润大于零，说明这个阶段生产性服务外部化是有利可图的；当交易成本不断上升，最终大于管理成本时，在C_1和C_2的交点A右侧，$C_1 > C_2$，这个阶段外部化的收益小于成本，外部化的利润小于零，说明这个阶段生产性服务外部化是不经济的，企业倾向于将这部分生产性服务环节内部化。

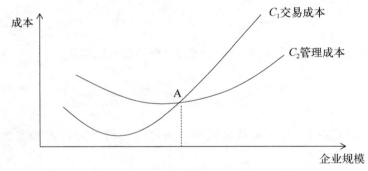

图3-3 生产性服务外部化的选择要素

本章小结

生产性服务业(producer services)是为生产过程提供中间投入的产品或服务。随着制造业的纵向分解，基于工序和工艺分工的纵向一体化生产模式逐步

被取代，服务外包成为制造业企业通过规模经济实现劳动生产率提高的新选择。生产性服务部门逐步从制造业内部分离出来，成为独立的新兴产业，即生产性服务业。当前，生产性服务业已经成为发达国家和地区经济增长的主要特征，是最具活力和增长潜力的产业经济部门之一。与传统服务业相比，生产性服务业是一种高科技含量、高人力资本投入、高附加价值、高产业带动力、低资源消耗、低环境污染、低碳的现代服务产业，它具有中间投入特征、产业关联特征、知识密集性、创新溢出性，以及产业集聚性。特别在经济全球化进程中，信息技术和网络化的进步，促使生产性服务的产业规模和发展速度快速增长，并呈现出产业融合、服务外包、产业集聚，以及服务方式的虚拟化和网络化发展趋势。

嵌入关系是指处于相互联系的产业链成员之间形成的社会网络关系。生产性服务嵌入制造企业的价值链，形成关系性嵌入和结构性嵌入关系，使制造业的生产经营活动更具连续性和协调性，从而使得合作企业间不断低成本、高效率地交换信息和知识。通过关系性和结构性嵌入，生产性服务通过提高要素供给水平、提高产业创新速度、优化产业资源配置，推动制造业升级。

制造业和生产性服务业的发展需要协同互动，二者存在相互加强的正反馈关系。高水平的生产性服务业带来制造业劳动生产率和核心竞争力的提升，而发达的制造业需要更为专业化的生产性服务，进而催生了其对生产性服务业的更多需求。

生产性服务业与制造业存在很强的产业关联性。基于投入产出分析法，可以计算出生产性服务与国民经济各生产部门的产业关联。研究发现，制造业对生产性服务业的需求拉动作用很高，无论从中间需求比重来看，还是感应度系数来看，都反映出生产性服务业对制造业具有很高的依赖程度。

企业通过市场行为向外部购买中间产品或服务，即生产性服务的外部化。生产性服务从制造业的分离源于经济的利益动机和竞争压力，而生产性服务的专业化，客观上又促进了制造业生产效率的提高。不断提升生产性服务水平是当今制造业实现高质量发展的变革方向。

第四章 生产性服务创新与产业升级模式

产业链上,生产性服务与制造业存在关系性与结构性的嵌入关系,生产性服务创新并非孤立地进行,而是在与制造业协同演进的过程中互动发展的。本章提出生产性服务价值链集成商主导产业升级理论模型,并阐述了模型的运行过程。

第一节 概念释义与理论模型

一、生产性服务价值链集成商

(一)概念释义

价值链集成商是指在生产性服务业和制造业嵌入形成的价值链网络中,掌握核心技术和关键资源,居于主导地位,具有整合其他价值环节能力的企业。

生产性服务价值链集成商是"创新的集成者和整合者",在价值链各环节的分工基础上,围绕最终产品的需求特征,对成员进行优胜劣汰的重新选择,通过各个价值环节的重新组合重构价值体系,实现制造业与生产性服务业的协同匹配并提高创新效率,最终推动产业升级。

(二) 生产性服务价值链集成商的形成过程

随着产业链的分化，特别是生产性服务的发展，研发、原材料采购、营销、销售服务等环节逐步从制造业企业中分离出来，形成独立的企业。图 4-1 反映了生产性服务业分离后呈现的创新特征。

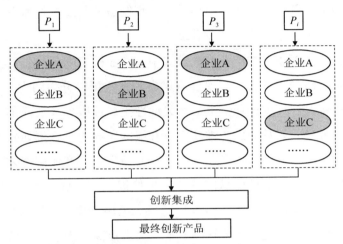

图 4-1　生产性服务从制造业分离过程中集成创新的主体

在这种产业结构下，创新可以分割成若干个独立环节分别进行，记为 P_i ($i=1, 2, 3, \cdots, n$)。在每个独立的创新环节 P_i 上，都有多个从事同类生产性服务的企业同时进行创新，展开优胜劣汰的竞争。最具创新能力的企业获得选择（在图 4-1 中用灰色显示的模块），最终集成为创新产品。由于生产性服务从制造业中分离后产业链上的每个环节都成为独立的创新主体，开展研发与创新活动，与传统制造业企业将所有的创新归为企业内部进行的、单一创新主体构成相比，生产性服务的分离和嵌入使得在每个创新环节上都有若干企业同时开展创新活动；对整个价值链而言，不同环节之间不存在知识投入产出的前后向联系，可以同时开展创新。如此一来，多元创新主体的并行研发使创新的复杂性得到分解，创新速度和创新效率得到大幅度提高。

(三) 生产性服务价值链集成商的类型

生产性服务嵌入制造业价值链，形成具有多个价值环节的价值链网络。在基于生产性服务业和制造业嵌入形成的价值链网络中,生产性服务价值链集成商掌握核心技术和关键资源,居于主导地位,具有整合其他价值环节的能力。例如研发技术服务商、品牌与渠道服务商、供应链服务商、流通与平台服务商,等等。生产性服务价值链集成商依托其网络核心地位,在价值链各环节的分工基础上,围绕最终产品的需求特征对成员进行优胜劣汰的重新选择,通过各个价值环节的重新组合重构价值体系,实现制造业与生产性服务业的协同匹配并提高创新效率,最终推动产业升级。

在价值链集成商主导的产业升级模式中,产业链上的各类生产性服务商都可能成为产业升级的主导者。实现价值集成的方式可以分为两大类:一类是关键环节嵌入式提升,即就产业链上某一关键性生产性服务环节或加工制造环节进行价值集成或整合,从而成为推动产业升级的主导力量。例如软硬件研发技术的不断进步推动了移动通信产业的升级;另一类是全产业链嵌入式整合,即对产业链上所有价值环节进行纵向整合和价值嵌入,彻底提升产业运行效率、优化产业结构,实现产业升级。例如IBM等大型服务集成商依托其技术和服务优势对各个行业和企业提供整体解决方案,大大提高了产业运行效率,成为推动产业升级的主导力量(见表4-1)。

表4-1 价值集成的方式

价值链集成商的类型		价值集成的方式
专注单一环节的生产性服务集成商	研发技术服务商 品牌与渠道服务商 流通与平台服务商 供应链服务商	关键环节嵌入式提升
全产业链嵌入的生产性服务集成商		全产业链嵌入式整合

二、生产性服务价值链集成商的集成创新

(一)集成创新释义

从创新的角度看,生产性服务企业与制造业企业之间的合作,是一个基于

协作与集成的创新过程。这些企业在各自独立创新的基础上，在价值链集成商的协同下，通过技术层面、组织层面，乃至战略层面的合作、交流与互动实现创新集成；因此，可以把集成创新定义为"在价值链集成商的主导下，不同企业之间通过协作实现整体效果最优化"的创新方式。生产性服务业嵌入制造业价值链，基于嵌入关系形成集成创新，并依托智能化、网络化使创新成果得以高效集成，"智能制造"带来生产方式的变革，从而推进产业升级。

（二）生产性服务集成创新的维度

生产性服务与制造业的互动发展中，创新作为一项特殊的智力活动，其核心要素是知识的创新与集成，从这个意义上说，生产性服务创新的本质可以归结为基于知识的创新。在彼尔德贝克等（Bilderbeek et al., 1998）提出的"四维度服务创新"模型中，服务概念、客户交互方式、服务传递机制和服务技术的创新组合构成了集成创新的内容。在此模型基础上，生产性服务价值链集成商的集成创新内容包括以下几个维度。

1. 新服务概念

新服务概念是企业对服务概念的理解，以及将这种概念运用到服务过程中的运作模式，服务概念创新的本质是创造新的服务理念。新概念的提出一方面源自伴随技术进步而产生的服务革新，例如基于无线射频技术的现代物流颠覆了传统的仓储运输的服务内涵；另一方面，顾客本身也可以提出或创造新的服务概念，例如，开源代码的软件研发平台上，客户本身就是价值的创造者。

2. 新客户交互方式

新客户交互方式是指为客户提供基于新技术的服务平台，以及相关的软件和硬件支持，是企业与供应商交流方式的创新。比如传统原材料采购业务一般都是现货、现金、现场交易，而通过电子商务手段可以实现原料供应的远程交易和电子支付，极大地方便了买卖双方，节约交易费用。

由于某些生产性服务的生产过程和消费过程具有同步性，所以服务的交互界面设计是一种重要的服务创新，尤其是那些独特的难以模仿的设计。其主要表现形式有电子商务、电子信息发布、网络支付等。

3. 新服务传递机制

新的服务传递机制是指企业向客户交付产品或服务方式和技能的创新,例如物流供应链的创新、自助扫描支付等。生产性服务企业需要通过内部组织安排、技术创新实现,才能满足客户不断增长的个性化服务和及时响应需求。

服务传递机制需要通过企业内部服务生产和传递的组织发生作用。人力资本的专业化程度、服务网络、新技术的应用、组织架构与治理等都会影响服务传递的效率和效果。

4. 新技术选择

新技术是实现服务创新的支撑和基础。新技术是指支持应用于物流、客户服务、营销、研发设计等生产性服务部门的新的技术手段,其目的是提高客户服务质量和服务效果。新技术的应用对传统生产性服务进行了重新定义,例如物流业中的无线射频技术、智能包装与扫描技术等彻底改变了传统物流业,通过技术进步实现了服务创新。

上述四个维度共同构成了生产性服务创新的内容体系,其联结关系见图4-2。首先,企业新生产性服务概念的提出需要多方面的知识,例如,生产性服务企

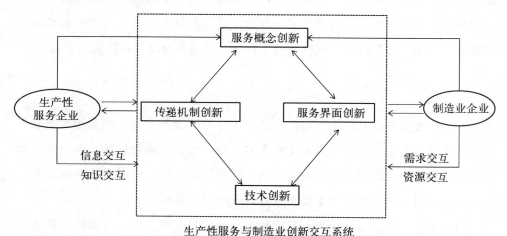

图 4-2 生产性服务创新的内容及联结关系

业与制造业企业之间的相互作用，以及服务传递系统的改进，需要生产性服务企业具备如何提供服务、怎样传递服务的知识。其次，新服务概念的提出和传递还需要组织方面的知识，即现有组织结构能否实现新服务的生产和传递，组织间关系怎样适应服务创新的要求等。再次，服务创新是否能够有效传递，也受到员工知识能力的影响，因此人力资源管理水平也影响到服务创新的实现。

三、模型构造

生产性服务价值链集成商主导的制造业升级模型，描述了生产性服务嵌入制造业价值链，在价值链集成商的主导下，基于嵌入关系形成的集成创新，最终推动产业升级的过程。

图 4-3 描述了模型构造。其中，创新主体包括两种类型：一类是"生产性服务企业"，记为 S_{jk}；另一类是"制造业企业"，记为 M_j。模型的横轴标示了前后相继的产业链环节，在产业链的上、中、下游，生产性服务企业（S_{jk}）和制造业企业（M_j）从事具体产业链环节的产品生产和中间投入服务，共同构成了完整的产业链。

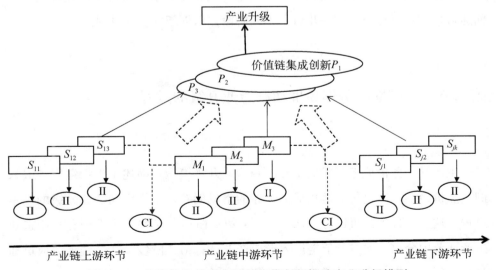

图 4-3 价值链集成商主导的集成创新推动产业升级模型

在企业之间的集成创新行为层面，椭圆圈描述的是知识创新活动，包括两种基本类型：一类是独立创新，记为 II(Independent Innovation)，指企业内部依靠自身力量的独立创新；一类是协同创新，记为 CI(Cooperative Innovation)，指企业间通过协同合作实现创新的过程。

模型的横轴表示产业链环节，描述了从产业链形成到产业升级过程的不同阶段。

随着分工的深化和社会经济的发展，一些生产和服务环节从制造业中剥离出来，形成独立的生产性服务企业(S_{jk})，嵌入制造业(M_j)价值链的各个环节，包括上游的研发设计、原材料采购，中游的物流管理等生产性服务，以及下游的市场营销等服务环节，形成相互嵌入的产业链结构。在每一个产业链环节上，都有 $j \times k$ 个企业同时开展独立创新。生产性服务的中间投入特征要求其与制造业企业协同互动，通过不断的学习与反馈检验并提升创新效果，因而形成了不同产业链环节的相互联结。价值链集成商通过协同创新实现创新产品或服务的不断优化，创造了不断升级创新的最终产品(P_j)。进一步从产业整体层面来看，不同产业链环节同时开展创新活动，并最终实现了产业升级。

从创新的过程来看，基于价值链嵌入的集成创新，就是基于价值链分工协作的知识集成过程，是一个从企业层面的创新到产业链环节创新，再到实现整个产业升级的过程。通过生产性服务企业和制造业企业的协同互动，创新水平不断深化，创新产品不断出现，创新成果得到积累，最终实现了产业升级。下面通过模型运行分析，进一步解释不同阶段知识创新的实现过程。

第二节 生产性服务创新推动制造业升级的过程

生产性服务价值链集成商主导的制造业升级模型，描述了生产性服务嵌入制造业价值链，通过价值链集成商主导的集成创新，最终推动产业升级的基本过程。这一过程大致可以分为四个阶段：第一阶段，某些生产性服务从制造业生产环节中分离，通过价值链嵌入形成产业链；第二阶段，产业链上各成员通过独立创新提高自身产品或服务的竞争力，并通过协同合作提高创新速度，只有最优秀的成员或合作组织才能得到被价值链集成商选择的机会；第三阶段，价值链集成商通过成员选择实现创新集成，创造出新产品、新服务，推动某些价值链环节的升级；第四阶段，通过资源配置优化，促进生产性服务与制造业价值环节的深度融合，实现产业升级。

一、价值链嵌入关系形成阶段

当前，越来越多的企业将非核心业务外包给外部专业化厂商，而专注于核心价值的提供和创造，纵向一体化的产业组织结构呈现分解态势。随着纵向分解，产业链关系也发生了变化。原来集中于一个企业的研发、采购、制造、营销等价值链环节，分散在不同企业之间完成。这些企业从事不同价值功能产品的生产，形成了分工合作的价值链嵌入关系。

在图4-4描述的产业链纵向分解，价值链解体与重构的过程中，企业将原来在企业内部纵向链条上的生产或经营管理的辅助活动剥离出去，或者说从价值链体系的某些环节撤离出来，转而依靠外部供应商提供所需的中间产品或服务，从而形成一个个独立的价值段。随着模块化技术的深入，纵向分解趋势在汽车、电子、服装等大型制造业企业组织中体现得尤为明显。

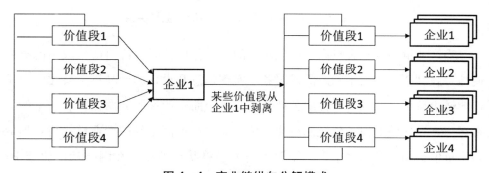

图4-4 产业链纵向分解模式

二、价值链集成商的形成与独立创新阶段

随着分工的不断深化，某些生产性服务活动从制造业内部剥离，成为独立

的通过市场机制提供中间产品或服务的企业。由于市场上存在大量提供类似生产性服务的企业,为了获得嵌入制造业价值链的机会,同类生产性服务企业之间开展"背靠背"的独立创新。

在价值链分工不断深化的进程中,提供不同价值链环节产品或服务的企业自然分化为两类(如图 4-5 所示):一类是价值链集成商(如企业 A),掌握价值链核心资源,具有协调价值链上其他企业资源和行为的地位,主要从事价值链核心环节的研发或生产制造并具有制定系统规则和最终产品集成的选择权。根据不同产业的特征,价值链集成商可以是研发制造厂商、营销渠道商等生产性服务企业,也可以是核心制造商等。另一类是模块化供应商(如企业 B、C、D、E),负责生产或提供价值链上某个具体价值环节的产品或服务。

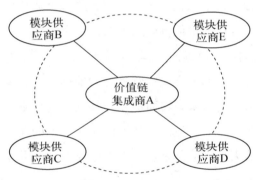

图 4-5　价值链集成商形成后的产业链关系

当产业链中存在大量高专业化水平的模块供应商时,价值链集成商能够方便地寻找到所需要的中间产品或服务,实现创意和设计的产品迅速转化。由于产业链上可供选择的生产性服务商数量众多,而生产性服务商也拥有大量的潜在客户,这样就颠覆了传统制造业由单一的制造厂商主导的产业链结构,形成多个价值链集成商与多个生产性服务商的网络状产业链。在网络状产业链中,产业竞争不仅在不同的价值链集成商之间展开,同时也在不同的模块供应商之间展开,彻底改变了传统产业链的形态和竞争格局。

在价值链上,从事不同价值段环节的模块供应商为了获得价值链集成商系统选择的机会,不断提高自身技术和产品质量水平,开展了"背靠背"的独立创新。独立创新是指企业依靠自身力量突破技术瓶颈,通过独立开发实现技成果的产品化和市场化。如果独立创新获得成功，将给企业带来超额利润；但同时也存在很大的风险和不确定性，需要企业具备卓越的研发能力、敏锐的市场感应度和较强的风险承受能力等。

独立创新的成果往往具有开创性，要求企业自身具有强大的技术力量、创新能力、资金和智力资本，以及先进的生产和管理能力。在某些关键制造业部门，例如汽车产业、航空航天制造业中，独立创新大都由实力雄厚的企业实现。

三、集成创新与价值链环节升级阶段

生产性服务嵌入制造业价值链，在自身独立创新的基础上，通过价值链集成商主导的创新集成，最终创造出新产品或新服务。

知识经济时代，独立创新很难满足快速变化的市场环境和竞争的需要。生产性服务从制造业价值链的分离，导致不同企业在遵循系统规则的前提下可以开展独立研发，经过优胜劣汰的竞争，最优秀的企业获得了价值链集成商的选择。在价值链集成商的主导下，生产性服务企业（S_{jk}）与制造业企业（M_j）之间，通过协同互动实现创新内容和速度的匹配，保证了整个系统的一致性和稳定性，实现创新的有效集成。

价值链集成商主导的创新集成是一个动态过程，对各独立企业的知识进行重新整理，按知识结构进行等级划分与编码，通过知识共享机制使企业内部的知识，上升为价值链上协同合作企业的共有知识，并通过知识的整合和集成构成新的知识体系。图4-6进一步描述了生产性服务企业与制造业企业的协同创新过程。

在捕捉到市场需求后，制造业企业（M_j）与生产性服务企业（S_{jk}）通过技术转让与外包、IP协议、R&D合作、技术战略联盟等多种形式开展创新协作。每一个生产性服务企业都会根据价值链集成商的要求，调整创新方向和内容，开展企业内部以及企业之间的创新合作，把创新结果反馈到协作组织中。最优秀的研发方案和创新成果，将获得价值链集成商的选择，组合成最终产品。由于每一个被选择的方案都是最优秀的，因此可以最大限度地体现客户需求，实现产品创新。

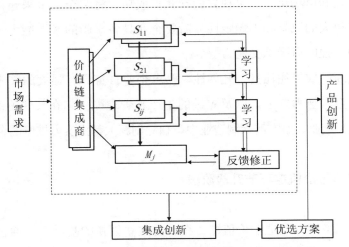

图4-6 生产性服务企业与制造业企业集成创新过程

通过大量的独立创新与协同创新,最优秀的方案获得了产品组合的机会,生产性服务创新推动产业链上某些价值链环节实现升级。不同价值链环节的创新活动体现为以下五个方面。

1. 研发设计环节的升级表现为新技术、新材料、新的设计工艺和流程的创新。研发设计类生产性服务企业,通过与制造业企业的协同创新,提高了原有产品的技术水平或者设计工艺。在中国发展工业化的道路上,自主创新是提升制造业核心竞争力的关键要素,因此促进制造业研发设计环节的进步,是发展研发类生产性服务企业的重要意义之所在。

2. 原材料采购环节的升级,表现为新平台、新支付方式、新商业模式在原材料采购环节的应用,从而节约交易费用、提高交易效率。制造业涉及大量的物料采购,计算机和互联网技术的普及创造了电子商务等新的支付和交易手段,彻底改变了传统的采购交易模式。

3. 加工组装环节的升级,表现为现代化生产方式在生产过程中的应用。制造业的升级伴随着生产自动化水平的提升,与自动化流水线相匹配的专业化设备服务、技术调试等生产性服务业,存在巨大的市场需求空间。

4. 市场营销与售后服务环节的升级,表现在营销策略、品牌塑造、客群分类与识别、客户关系管理等领域运用新的概念或新技术,其创新水平将直接影响制造业企业的市场价值。随着市场竞争的日趋激烈，市场营销和售后服务成为产业价值链上的关键环节，逐步从制造业企业中分离出去，进行专业化的运作。例如，目前世界主要汽车企业都将营销与销售分离出去，通过专业公司的营销策划和销售渠道实现汽车的市场流通和客户服务。

5. 管理服务环节升级是指制造业企业内部管理水平的提升。制造业企业的内部管理水平，将直接影响企业成本和生产效率。随着财务、法务、人力资源等专业化生产性服务公司的发展，这些环节的外包，成为制造业企业中较为流行的发展趋势。特别是对于中小制造业企业而言，管理服务环节的外包，可以在一定程度上降低管理费用，提高企业的管理效率和专业化水平。

生产性服务部门的创新，体现在最终产品上，或表现为更优异的产品性能，或表现为更低的价格，或表现为更快的产品更新速度等。

四、创新积累与产业螺旋式升级阶段

制造业的产业升级可以界定为两个层次：一是生产性服务业创新推动制造业的整个价值链条由低端加工制造环节向高附加值的生产性服务环节演变；二是对加工组装为重心的生产环节，通过知识资本的注入，提高精细化运作水平，实现生产环节附加值的提升。这两个层次的产业升级均表现为整体产业要素资本从价值链低端向价值链高端环节的转移。

知识资本注入加工组装的生产环节，实质上也是生产性服务对加工制造环节的再造。例如，专业的物流服务会提高加工制造环节的运作效率、技术服务会提高原材料的加工水平。随着科学技术的进步，先进的技术和人力资本被引入生产加工环节，延伸原有产业链长度，提升价值链高度，实现了分工的收益和专业化效率。从这个意义上说，生产性服务推动制造业升级是服务外部化和专业化发展到一定程度的必然结果。

生产性服务创新推动了产业链上的价值环节实现升级，使制造业的价值增值方式不再局限于加工制造环节，而是向价值链上下游寻找空间。生产性服务加快促进资源向优势企业集聚，整个产业的资源配置效率提高。如图4-7所示，微笑曲线从 S 移动到 S'，新微笑曲线 S' 两端的斜率更加陡峭，并向价值附加值高端攀升，说明生产性服务推动了产业附加值的提升。这种由产业链上各环节的升级，到最终实现整个产业升级的过程，被称为"产业链升级"。

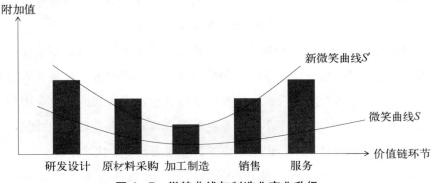

图 4-7　微笑曲线与制造业产业升级

从变革的深度来看，产业升级的过程可以分为四个层次：提高原有生产技术或流程的工艺升级、改造原有产品内涵或性能的产品升级、提升企业价值链位置的功能升级和整个产业从低端价值环节转移到价值链高端环节的价值链升级。

工艺流程升级是指企业采用先进生产技术或先进生产流程，对原有落后技术和生产方式进行改造，具体表现为生产过程更加有效率、生产成本不断降低；产品升级是指通过研发投入实现产品质量和性能的不断提升，表现为企业推出新品牌、新产品，实现对原有产品的升级改造，不断提升市场份额；功能升级是指企业将核心能力专注于价值链上附加值更高的环节，而把低价值附加值的环节外包出去，不断提升自身在价值链中所处的位置；价值链升级是指企业从价值链低端移向价值附加值更高的价值链领域，从而获得更高的收益率水平。一般而言，产业升级都经历了产品自身的工艺升级、产品内涵的升级、企业专注核心竞争力的功能升级，以及实现更高价值附加值的价值链升级四个阶段，产业升级的深化过程，也是企业不断提高价值附加值、产业重心向价值链两端移动的过程。

从全球范围来看，发展中国家承接发达国家的产业转移，嵌入全球产业分工体系，共同构成价值链。如果在承接发达国家产业转移的过程中，抓住机遇，不断增加低价值环节的知识含量，便可以加速实现产业结构由低价值附加值向高价值附加值的产业链高端位置的演变，实现产业跨越式升级。

以纺织服装业为例，自20世纪50年代以来，劳动力等要素价格驱动纺织品与服装业在亚洲范围内发生了多次生产转移，与纺织服装生产转移相伴随的是相关国家纺织服装业的产业升级。这种产业升级过程体现为工厂内部的升级、商品链内企业间的升级、当地或一国经济体内的升级和区域内的升级几个循序渐进的层面。组织间学习是推动产业升级的内在动力。当地供应商与价值链其他环节的厂商（如零售商、品牌营销商、品牌制造商等）建立相互联系的信息流动、组织学习过程，并通过不同模式的组织联系，来实现知识的交流和互动。在这个过程中，从事价值链附加值高端的零售商与营销商，要求其供应商具备服装制造技术及组织原料的流通技能，因此推动了优秀的OEM公司组织整个商品链，推动了服装产业链内企业从简单装配到OEM制造商再到OBM出口商的角色提升，最终实现纺织服务业的产业升级。

第三节　支撑体系

价值链集成商主导"集成创新"的实现，有赖于产业链中促进知识共享和集成的良性机制，促进企业间知识和优势资源的整合，从而构建产业链的竞争优势。在阐述生产性服务与制造业基于价值链嵌入的集成创新过程的基础上，本节将分析生产性服务创新支撑体系，揭示产业链内知识创新运行支撑体系的运作机理。

一、支撑体系构成要素

生产性服务业与制造业企业集成创新的顺利实现，需要依托有利的支撑体系。产业链上，知识创新的支撑体系由四大要素构成，分别是生产性服务业的产业基础和要素培育、鼓励生产性服务创新的制度保障、促进组织间学习的产业链协调机制、鼓励协同创新的社会资本和声誉激励。图4-8反映了支撑体系模型构造及各要素之间的关系。

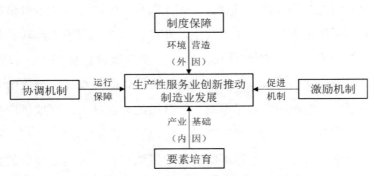

图 4-8 生产性服务业创新的支撑体系构造及要素关系

在图 4-8 所示的四大支撑要素中,生产性服务业自身的产业基础是内生动力,它决定了生产性服务业的创新水平和速度,需要进行合理的要素培育。促进生产性服务业发展的外部环境是外因要素,决定了生产性服务创新的外部环境,需要有力的制度保障。图 4-8 水平方向的两个要素(协调机制、激励机制),描述了有利于生产性服务业与制造业协同合作、集成创新的要素机制。

要素一:生产性服务业的产业基础和要素培育。生产性服务业的产业基础,决定了对制造业的服务水平和支撑力度;因此,生产性服务业的人力资本、信息化水平等要素培育,对于提高生产性服务业发展水平,进而提高对制造业的服务能力具有重要支撑作用。

要素二:鼓励生产性服务创新的制度保障。生产性服务从制造业逐步分离并形成专业化的产业部门是一个长期的过程,需要在政策制度方面予以扶持和引导,营造有利于生产性服务业发展的外部环境,促进生产性服务业快速发展。

要素三:促进组织间学习的产业链协调机制。生产性服务创新需要在与制造业协同发展的背景下进行,生产性服务嵌入制造业价值链,与制造业企业的协同创新,有赖于良好的组织间学习机制的形成,产业链协调机制通过正式和非正式的治理途径,为产业链的组织间学习营造良好的创新空间,为创新的有效运行提供保障。

要素四:鼓励协同创新的社会资本和声誉激励。良好的组织间学习机制,需要企业之间建立相互信任的合作关系,特别是创新行为具有极强的知识溢出性，合作成员间需要形成以信誉和信任为核心的社会资本，通过声誉激励机制规避短期机会主义行为，从而为创新提供良好的外部环境。

二、内生动力

1. 制造业发展程度

发达的制造业是生产性服务业良性发展的基础和保障。一方面，制造业发达国家往往具有良好的产业基础，构成了发展生产性服务业的必要条件。另一方面，发达的制造业要求更为专业化的中间投入，从而产生对生产性服务更多的需求，不断促进分工程度和专业化水平的提高；而分工和专业化水平越高，生产性服务业的发展程度就会越好。

2. 人力资本水平

知识密集型生产性服务业具备高水平的人力资本以提供专业化技术研发、品牌营销、商务咨询、物流管理等生产性服务。人力资本水平越高，生产性服务业的发展水平也会随之增长；反之，如果人力资本水平低下，将会制约生产性服务业的发展。

3. 信息技术水平

信息技术、网络化程度对生产性服务业的发展具有重要影响。在知识经济时代，拥有完善的信息网络基础有助于更全面地掌握信息、捕捉商业机会。生产性服务业是知识密集型产业，需要比较高的技术、管理水平，企业的创新能力决定了生产性服务业的发展水平。

三、外部环境

1. 服务业开放程度

在全球经济一体化的大背景下，服务资源的优化配置要求进一步对外开放。服务业成为新一轮国际产业转移的重要内容,某些国家和地区具有发达的生产性服务业将形成全球比较优势;而发展相对滞后的生产性服务业部门,则可以通过对外开放,从其他国家和地区引进行业领先的生产性服务企业或其产品与服务,并通过本地生产性服务企业的学习,逐步提高生产性服务业的整体发展水平。

在从国外引进生产性服务企业或项目的时候应该注意政策配套,充分重视引进项目与本国、本地区的对接,发挥其对本地项目的带动作用。如果缺少带动和学习,处于薄弱阶段的本地区生产性服务业,将会在完全的开放政策中出现生存危机,对整个产业链形成摧毁性的打击。

2. 产业发展政策

产业政策是指政府为实现一定的经济和社会目标,而对某些特定产业的形成和发展进行干预的各种政策的总和,包括产业规划与引导、产业促进与调整、产业保护与扶持,以及产业限制等方面的含义。在具体措施方面,财政政策、税收政策、要素价格政策等,都会对具体产业产生影响。

2014年国务院颁布《关于加快发展生产性服务业促进产业结构调整升级的指导意见》(国发〔2014〕26号),为进一步发展生产性服务业提出了清晰的规划和发展指导,为生产性服务业的发展创造了有利的政策环境。"十三五"期间,各省纷纷出台了支持生产性服务业发展的地方发展规划,生产性服务业得到了有效培育,实现稳步增长。产业政策发挥了弥补市场缺陷和资源配置不足、增强适应能力等功能。

3. 基础设施与公共服务保障

生产性服务业的发展,需要一定的外部环境和适当的政策引导。政府通过制定各项制度、加强监管,营造有利的外部环境,保障生产性服务业在一个竞争有序的环境中正常进行。生产性服务业的发展,需要交通、通信等基础设施建设与公共服务保障。为了加快生产性服务业的发展,国外生产性服务业较为发达的国家,都十分注重基础设施的配套和完善;而基础设施建设的匮乏,则可能成为制约生产性服务发展的重要因素。本书第七章将更加深入地分析促进生产性服务业发展的政策设计和实施建议。

四、运行保障

产业链协调机制对组织间学习效果具有重要影响。完善的产业链协调机制使生产性服务企业与制造企业之间的嵌入关系更加稳固，并有利于推动知识在生产性服务企业和制造企业之间的转移、共享和扩散，最终提高创新绩效。相反，如果产业链缺乏有效的协调机制，零和博弈、机会主义行为、冲突摩擦将会影响产业链成员之间的关系，而在相互不信任的产业链环境中，知识转移和共享会变得更加困难，难以实现生产性服务的创新和产业升级。

在价值链集成商主导的产业链中，价值链集成商通过资源优化配置实现价值链整合。虽然价值链集成商与成员企业是法律意义上平等的经济主体，然而价值链集成商掌握着产业链核心资源，通过集成创新对成员的产品和技术投入方向具有引导作用，从而实现对成员企业的黏性和控制力。成员企业围绕价值链集成商的设计在产业链的各个价值环节（如研发设计、原材料供应、品牌营销等）进行产品、技术、服务和资金的交换并伴随着知识的交换和转移。制造企业与生产性服务企业保持良好的信息交流渠道，以获得关于市场变化、研发技术发展趋势、客户消费偏好等知识，并将其反映在产品功能改进和质量改善上。

生产性服务企业围绕价值链集成商进行价值创造活动，组织间学习也在成员间的合作中同时实现。为了提高最终产品的创新水平，价值链集成商对产业链上的成员单位（包括制造企业和生产性服务企业）进行指导和扶持，这个过程伴随着大量的知识溢出、知识转移和知识共享。

五、激励机制

合作者基于维系良好的诚信记录的诉求形成了长期合作的基础，通过产业链成员的声誉激励可以减少机会主义行为。声誉租金发挥着隐性的激励作用，有助于降低企业选择创新合作伙伴的搜索成本。声誉使产业链成员需要综合评价其当前合作的收益与长期合作的预期收益水平，在合作创新的治理中发挥着重要作用。声誉对企业创新网络中的知识合作行为同样具有重要影响，提高组织声誉将促进成员间的知识转移、提高创新绩效。生产性服务企业与制造企业的集成创新离不开合作和协同。产业链中的成员是独立的经济实体，由于知识的溢出性，任何企业在知识共享上都非常谨慎。建立在共同追求利益目标基础上的协同合作，不仅需要完善的市场和法律环境，更需要建立有利于知识创新与合作的激励机制，以鼓励成员的知识共享与合作。

1. 声誉资本的形成需要长期积累

声誉的形成和建立不是一朝一夕就能够实现的，而是需要长期的积累和投入。在网络成员的创新合作过程中，无论对于合作型成员还是非合作型成员，为了扩大自身利益，不采取机会主义行为将形成良好的声誉记录，实现长期合作，在博弈的最后阶段都将实现效用的最大化；因此，相较于短期机会主义所得的利益而言，维护声誉是最优策略。

2. "声誉租金"使企业从长期合作中获益

从长期来看，维护声誉的企业将获得超额的"声誉租金"。"声誉租金"是指企业通过声誉获得的超过行业平均水平的超额利润，它来自长期合作意愿带来未来交易的可能性，以及市场对良好声誉企业的接受度。"声誉租金"在给合作型企业带来超额利润的同时，也形成挑选合作对象的信号。

3. 声誉激励弥补契约不完备性带来的合作风险

供应链成员之间的信任和共同的行为法则，有助于减少创新中的不确定性，特别是在生产性服务企业与制造业企业的协同创新过程中，会产生很多知识外溢，契约的不完备性、创新的不确定性及复杂性，决定了无法通过详尽的事前契约规避合作中的机会主义行为。声誉激励是一种非契约化的激励机制，旨在促进成员间的知识共享，同时防止知识外溢和搭便车行为，保障创新的顺利实现。

本章小结

随着生产性服务的发展，研发、原材料采购、营销、销售服务等环节逐步从制造业企业中分离出来，形成独立的企业。在每个创新环节上，都有若干企业同时开展创新活动，多元创新主体的并行创新大大提高了创新速度和创新效率。生产性服务创新包括服务概念内涵、客户交互界面、服务传递和技术选择四个维度的创新组合。

制造业的产业升级，可以界定为两个层次：一是生产性服务业逐步从制造业主体中剥离，推动制造业由附加值较低的加工制造环节，向生产性服务环节的演变，进而实现产业融合式发展；二是通过对加工组装等传统低价值附加值的生产制造环节的知识资本的注入，提高技术水平和专业化程度，实现生产环节向价值链高附加值环节的提升，从而实现对传统生产作业方式的改造。这两个层次的产业升级，均表现为要素资本由低端价值环节向高端价值环节的转移。

价值链集成商是"创新的集成者和整合者"，在价值链各个环节分工的基础上，围绕最终产品的需求特征对成员进行优胜劣汰的重新选择，通过各个价值环节的重新组合重构价值体系，提升整个价值链的运行效率，从而实现制造业与生产性服务业的协同匹配，推动产业升级。本章分析了生产性服务价值链集成商主导的制造业升级模型的构造和运作机理，阐述了生产性服务嵌入制造业价值链，通过创新集成最终推动产业升级的基本过程。

生产性服务创新能否有效推动制造业升级，关键在于产业链中是否存在必要的支撑体系，以确保生产性服务企业和制造企业不同组织间知识的有效集成和整合，最终成为推动产业升级的竞争优势。在这个过程中，知识的集成创新不仅是一个企业内部的知识创造过程，更是生产性服务企业与制造企业协同互动，知识在不同成员之间转移和共享，将创新成果应用于生产实践，并不断改进提升的协同过程和产业链中优势创新成果的集成过程。构成生产性服务创新推动产业升级的支撑体系包含四大要素,分别是发展生产性服务业的要素培育、鼓励生产性服务创新的制度保障、促进组织间学习的产业链协调机制、鼓励协同创新的社会资本和声誉激励。这四大要素共同作用,为产业链层面上知识创新资源的共享、系统化以及集成创造条件。

第五章　产业升级的实施路径

价值链集成商主导的集成创新模型，描述了产业链中生产性服务企业与制造业企业的创新合作关系，以及优势创新成果的选择和集成过程。基于这一模型，本章提出生产性服务创新推动制造业升级的四大路径。

第一节　研发设计生产性服务商主导推动的产业升级

一、路径释义

研发设计生产性服务商创新推动的产业升级中，从事研发技术与设计的生产性服务商承担着价值链集成商的角色，主导核心部件、关键技术的研发及产品设计规则的定义，协调产业链上下游各价值环节的创新方向和协作关系，实现制造业与生产性服务业的产业价值链重构，以及有效互动与匹配，从而推动产业升级。

在产业价值链上，研发设计类企业将核心业务聚焦于研发设计环节，特别是核心部件、关键技术的研发，以及产品设计规则的定义。这类企业界定关于产品或系统的结构、界面、标准的设计规则，定义产业链上下游成员的协调方式，专注核心部件和关键性能的研发设计，而将其他辅助性研发设计环节作为配套生产性服务进行外包，集中企业优势资源专注于能够提升核心竞争力的关键领域。

由于这类企业决定了产品或系统最为核心的研发和设计,在产业价值链中居于领导地位,相当于决定产业升级方向的"舵手",通过协调价值链各环节之间的联系和协作,实现功能集成和产品集成。在价值链集成商的总体指挥下,各成员企业为了获得被选择的机会,不断通过独立创新和协同创新提升自己的产品部件功能水平,最终实现产品的整合和集成。

二、典型案例

研发技术生产性服务商主导推动产业升级的一个典型案例是华为公司。华为致力于第五代移动通信技术(5G)研发创新已超过十年,为 3GPP(3rd Generation Partnership Project)5G 标准贡献的提案超过 18 000 件,5G 基本专利族占比超过 20%,在基础技术、标准、芯片、网络、终端五个方面全面领先。华为公司作为 5G 移动通信产业链的核心企业,对促进产业链升级发挥了重要作用。

5G 是新一代移动通信技术发展的主要方向,是未来新一代信息基础设施的重要组成部分。作为国家发展战略,5G 融合物联网、工业互联网、云计算、大数据、人工智能、区块链等新一代信息技术的运用,与 4G 相比,不仅进一步提升用户的网络体验,同时还将满足未来万物互联的应用需求,深刻影响着通信产业的发展趋势。

5G 通信产业链由几大关键环节构成:一是通信系统设备(基站)研发生产和制造商,为 5G 提供基础技术,如华为;二是 5G 通信服务运营商,进行基站安装和运营维护,并向用户收费,如移动、联通、电信等运营商;三是核心 5G 基带芯片供应商与 5G 移动通信终端设备厂商,如高通、华为、三星、联发科、展讯等 5G 基带芯片厂商,以及华为、小米、苹果等手机厂商。

华为通过研发技术创新,推动了 5G 移动通信产业链不断升级。其发展路径可以概括为以下三个方面。

1. 确定研发方向,培育产业链核心环节技术优势

5G 的关键在于研发。在研发技术上的核心优势将构筑企业在产业链上的

核心地位。

早在 2009 年，华为就已经展开了基础科技的早期研究，并持续投入，推动 5G 系统产品化、商用化，同时积极投入海思芯片研发，构建 5G 终端能力。2018 年 6 月 14 日，3GPP 技术规范组（Technical Specification Group，TSG）批准了第五代移动通信技术标准（5GNR）独立组网功能冻结，与 2017 年 12 月批准的非独立组网标准一起，构成了第一阶段 5G 全功能标准化工作，标志着 5G 进入了产业全面冲刺新阶段。2018 年 2 月 27 日，华为发布了首款 3GPP 标准 5G 商用芯片巴龙 5G01 和 5G 商用终端，支持全球主流 5G 频段。2019 年 6 月，工业和信息化部正式向中国电信、中国移动、中国联通、中国广电发放 5G 商用牌照，中国正式进入 5G 商用元年。5G 技术未来将可能成为一项通用技术，作为统一的连接架构，广泛渗透到其他经济领域，深刻改变世界经济的发展动力和发展方式，并成为未来创新的平台。

Massive MIMO 是 5G 核心技术，也是 5G 极简网络之本。自 5G 研发初始，华为就洞察出 5G 兑现全覆盖 Gbps 体验的基础是 Massive MIMO 技术。Gbps 极致体验需要大带宽，而大带宽需要高频段，为了在高频段上实现与 LTE 共站部署，同时发挥大带宽的体验优势，Massive MIMO 成为 5G 产业发展的确定性方向。到目前为止，华为 5G Massive MIMO 产品部署已超过百万站，在全球产业布局中占据重要位置。

2. 可持续的基础研发投入

诺贝尔物理学奖得主丁肇中认为，基础研究在奠定科学金字塔底部的同时，也在提升金字塔顶部的高度。基础教育和基础研究是创新的原动力。2009 年，4G 刚刚步入商用，华为就启动了从芯片到材料、从散热到算法等贯穿整个 5G 的基础研究。2012 年，华为开发出技术测试原型机；2017 年，开发出系统测试原型机；2018 年以来推出一系列 5G 商用产品，包括全球首款 5G 基站芯片天罡以及基于 7 nm 工艺、创下多个世界第一的 5G 基带芯片巴龙 5000。最近几年，华为的技术更是快速迭代，在 5G 通用技术领域实现了一批重要的创新成果。

"力出一孔，饱和投入"，华为 30 年内生的科技自信离不开对基础研究矢志不渝的持续投入。成立以来，华为坚持把每年营收的10％以上都投入科研之中，2018年科研投入1 015亿元人民币，2019年达到了1 317亿元，即使在被美国列入"实体名单"，遭受不公平技术封锁和技术打压的情况下，2020年华为的科研投入仍然达到1 419亿元人民币，足以显现华为对于研发投入的坚定和执着。

除了直接投入外，华为还积极支持大学和科研院所开展基础理论研究，每年投入相关大学3亿美元支持基础科学、基础技术等领域的创新研究。华为曾经与世界排名前100的大学合作非常频繁，科研成果丰硕。在国内，华为与清华大学、南京大学、华东师范大学、华中科技大学、中国海洋大学等建立了战略合作关系，为了长远的发展持续保持合作。

聚焦战略方向，华为在算法、功放、材料、天线、散热等领域积累了大量的领先优势，按照"商用一代、储备一代、预研一代"的节奏进行多梯队循环创新，并通过多波次饱和投入，保持创新领先。

3. 联合运营商共创5G应用场景

在5G领域，华为公司在整个价值链上整合创新资源，实现企业自身能力与外部资源的动态匹配，通过积极寻找外部的合资、技术特许、委外研究、技术合伙、战略联盟或者风险投资等合适的商业模式，实现5G的技术创新、产品引领以及产业引领。华为通过5G持续创新，致力于把多天线技术带入每个频段、每个场景；通过联合定义5G产业方向，做好关键技术准备，实现持续引领。

2020年2月22日，工业和信息化部在召开的"加快推进5G发展"会议上提出了加快5G商用步伐的建设目标，要求加快推动"5G＋工业互联网"融合应用，深化5G与工业、医疗、教育、车联网等垂直行业的融合发展。为助力我国运营商建设最佳5G网络，华为面向中国市场推出十大5G创新解决方案，包括5G RAN解决方案、面向确定性网络的5G核心网解决方案、业界首个分布式智能全光接入网和Liquid OTN光传送解决方案、面向5G和云时代的智能IP网络解决方案、华为5G智能网优解决方案以及5G Power 2.0解决方案等。其中，5G RAN解决方案主要针对5G基站建设，包含"全频段、全场景、全业务"的产品和技术,针对运营商在工程安装、站点获取、频谱碎片化等方面的痛点,快速实现"室内外双千兆"极致体验,建成覆盖广阔的5G网络。5G Power 2.0解决方案聚焦站点能源的"功率"和"备电"两大焦点问题,帮助运营商实现极简部署,高效节能。

华为十大5G创新解决方案也瞄准5G应用场景落地,开展了广阔的跨行业合作。目前华为联合运营商、合作伙伴正在多媒体、工业、能源、医疗、车联网等几十个垂直行业进行5G应用的探索,工业互联网、车联网、超高清视频等将是5G领域重要的应用场景。以全云化、全融合、全自动和全业务四要素为核心,华为面向5G和云时代的智能IP网络解决方案,涵盖可提供超宽网络的业界首个端到端400GE解决方案,业界首个SLA可承诺解决方案,以及业界首个面向自动驾驶网络的AI智能管控一体化运维平台,助力网络迈向智能运维的自动驾驶网络。

伴随着标准的制定、产业链的成熟,以及频谱、终端准备度的不断加速,全球5G商用的脚步也越来越快。5G网络的加快部署以及更多合作伙伴的参与,为海量传感、边缘计算和工业云等带来了更广阔的发展机会,5G的行业应用将会越来越清晰。

中国有着发展5G最优质的土壤,贡献了全球50%以上的终端模组。在华为等5G先锋的创新驱动下,相信未来中国5G市场发展的广度和深度,以及建立的商业新价值都会处于世界引领地位,并形成辐射全球的产业创新能力,让世界共享5G的产业红利。

三、要点总结

从华为公司的案例可以看出,研发技术生产性服务商主导的产业升级实施路径,可以归纳为以下两大特征。

第一,企业在研发设计环节处于核心领导地位,可以定义系统规则并主导产业演进的方向。这类企业在研发设计环节拥有足够强大的技术优势,其研发设计的产品,能够创造更高的市场价值,代表领先的市场地位。因此,该企业能够吸附诸多外包供应商,构成相对稳定的委托-代理关系。核心企业以价值链集成商的身份，对外包供应商的选择和整合重新构造了价值链的形态。在此过程中，核心企业的资源集中到核心技术与部件的研发设计上，而外包供应商专注于某一特定模块的生产或研发，产业链得以通过更有效、更经济的方式进行生产制造和销售；同时，大量生产性服务企业，通过并行的方式进行研发设计，将资源投入自己最擅长的领域，提高资源利用效率和市场反应速度，增强了企业的价值创造能力。

第二，核心企业主导的供应商选择机制推动价值链重构与整合。企业的研发设计能力增强后，不断推出新技术、新产品，需要外包供应商与核心企业保持创新同步。由于这类企业对供应商的筛选标准相对严苛，能够成为其合作伙伴的外包供应商代表了行业领先的技术和服务水平，形成品牌与口碑效应，这一机制推动诸多供应商不断提高技术创新水平，以获得被选择的机会。核心企业的供应商选择包括一套科学的资质认证体系，从外包供应商提供的产品质量、交货期限、成交价格、技术能力、服务水平，以及企业的社会责任等方面，对潜在的外包供应商进行评估。严苛的供应商选择标准有效推进外包供应商的技术进步与知识创新，并反馈于本企业，提升本企业的技术研发与产品设计能力，研发技术水平呈现螺旋式上升，不断实现产业价值链的重构与整合。

通过以上路径，价值链集成商以研发设计为切入点，主导了高度专业化分工水平下制造业与生产性服务业的价值链重构，推动了研发设计环节与生产制造、品牌营销等先进制造业价值环节，以及大量配套生产性服务价值环节的有效互动，达到了动态匹配的目标状态，进而推动产业链向高级形态演进，实现升级。

第二节 品牌与渠道生产性服务商推动的产业升级

一、路径释义

侧重品牌与渠道的价值链集成商，将核心资源用于品牌建设，而制造和销售等其他环节被外包给专业供应商完成。这种以虚拟资产驾驭实体资源的轻资产经营模式,依托品牌优势整合其他资源,完成产业链上的价值集成,同时也可以降低对生产、销售等环节的大规模投入,减少企业的经营风险。

企业牢牢掌握有形产品价值链上的品牌核心资产,一方面,依托品牌优势可以集聚价值链上游优质原材料供应商、制造商(或 OEM 代工厂商),以及下游销售与服务商,通过品牌这一无形资产实现对全产业链有形资产的整合。另一方面,由于这类企业自身不从事加工制造,因而更接近生产性服务企业的轻资产形态。

为将品牌打造成价值链上的核心资产,这类企业将战略性资源投入到研发设计、品牌营销与推广、销售渠道建设等方面,树立该品牌的市场形象和品质,强化品牌的市场影响力和号召力,并通过信息化平台服务实现对各供应商的信息化整合,进而实现价值链集成。

具体而言,此类集成商不仅需要加强对产品设计和产品质量的控制,还需要构建品牌设计、市场推广、公共关系、渠道建设等方面的核心竞争力,这些环节与设计服务、商业咨询与服务等生产性服务业关系密切。此外,由于企业的核心业务领域大量涉及创意与创新,并且品牌维护是一个长期持续投入的过程,因此企业与生产性服务企业之间的知识流动更为频繁,彼此之间需要构建以经验为主的隐性知识的传递途径。最为重要的是,此类价值链集成商要以虚拟资产整合实体资源,对信息系统的集成需求更为显著,一个高度集成的信息系统能够帮助集成商及时、全面掌握本企业与诸多供应商、代工厂商、销售商,以及服务提供商的业务往来和信息流动状况,以此提高集成商对价值链的控制力。

二、典型案例

大白兔作为"中华老字号"的一个代表,通过成功的跨界营销和 IP 打造,成就了品牌与渠道生产性服务商推动转型升级的典型案例。

大白兔奶糖诞生于 1959 年,是由上海冠生园食品企业出品的奶类糖果,商标是一只跳跃的大白兔,现隶属上海光明食品(集团)有限公司。随着改革开放的深入,许多国外品牌糖果开始强势布局中国市场,市场竞争越来越激烈。

大白兔经典形象和国外奶糖比起来"有点土",再加上巧克力等替代性产品的广泛渗透,大白兔在细分市场逐渐被赶超。如何让老字号焕发青春,用产品激活人文记忆?在激烈的市场竞争中,已经60岁的大白兔积极求变,在跨界营销和品牌建设方面不断进行着探索和尝试,为老字号注入了年轻和活力。

2013年,大白兔奶糖与法国时尚轻奢品牌"Agnesb."进行跨界合作,推出一款跨界联名限量版礼盒;2016年,大白兔联合国家博物馆打造文创礼盒,携手太平洋咖啡推出了大白兔牛奶味拿铁;2018年,大白兔联合美加净推出了大白兔润唇膏。2019年,大白兔加快了跨界合作的步伐——联手光明乳业推出"大白兔奶糖味牛奶";联合气味图书馆推出"快乐童年香氛"系列日化产品,包括香水、沐浴露、身体乳、护手霜以及车载香薰等;与快乐柠檬合作正版大白兔奶茶店……

食品、饮料、美妆、文创,大白兔每次跨界的背后,都是一个行业的风口期。大白兔"永葆青春"的发展策略,就是让这颗国民奶糖不断年轻化,通过系列跨界合作去拥抱更多的年轻人,从而创造更多的可能性。

大白兔依托品牌这一无形资产实现产品创新迭代,并通过跨界营销不断强化品牌资产,营销创新推动老字号转型升级的实践探索给我们带来诸多启示。

1. 品牌资产是营销创新的基础

伴随着年轻一代的消费升级和审美升级,年轻的消费者不再满足于产品本身所能提供的基础需求,他们更追求其背后蕴藏的精神与人文价值,希望能通过产品本身折射出国民的文化自信和价值追求,形成一股"国潮热"。老字号品牌经过日积月累的沉淀,品牌具有很大的价值优势,如果有较好的产品和创意,老字号品牌的跨界或许更容易成功。

对于大白兔来说,其品牌成立之初只生产和销售大白兔奶糖,存在着与大部分老字号品牌一样的产品单一、品牌老化严重的问题,不能满足现今消费者多样化的需求。为了让老字号品牌重新焕发生机,大白兔重新进行了品牌定位,将品牌年轻化作为其近年来的主要发展战略。秉承在传承中创新,既经典亦时尚的原则,大白兔深度挖掘自身品牌文化,先后与一系列年轻化品牌跨界合作推出新品,借助其在全国的品牌影响力及目标消费群体,让年轻一代感知到大白兔品牌，提高了品牌在年轻消费者中的知名度，为品牌带来新的活力。审时度势、顺应当下消费需求，紧跟时代潮流步伐，传递简单快乐的生活态度，让大白兔从中国产品变成中国潮牌，又一次成为经典国民品牌、民族品牌的代表。

2. 重视品牌生命周期的维护和持续投入

每一个品牌都有自己的生命周期，而品牌年轻化的主要目的就是帮助品牌恢复活力、延续青春，让品牌可以在主力消费群体中持续活跃，不被时代淘汰。已有用户不流失，主力消费用户不断涌入，是"年轻活力"的根本。

品牌年轻化的"新"，并不单单停留在营销层面，而是指在秉持品牌核心价值不变的前提下，适配新的消费时代，形成年轻的品牌价值观，采用更加娱乐化、人性化的营销"新"方式，更加符合年轻人兴趣的产品"新"升级，以及更加适配碎片化和社交需求的渠道"新"通路，在市场的催化下共同发力，由内而外地不断实现创新和突破。大白兔不断求变求新，及时跳出舒适圈寻求突破的探索，是老字号品牌前所未有的营销创新，这在为大白兔凭借一系列联名传递更全面的品牌认识，带来极大的曝光度和超高人气的同时，也为老字号转型升级进行了尝试和探路。

3. 探索高质量的跨界融合

跨界是老字号在寻求转型发展道路上的创新举措，是让老字号品牌焕发新活力的有效办法，既能够让老字号精神在新产品中一脉相承，也为老字号拓宽了发展出路。

大白兔的跨界营销无疑为其带来了十分有利的效果，但从另外一个方面来看，老字号跨界发展既要利用好电商营销这些工具和手段，更要利用好老字号的工艺精髓，让老字号的精神持续传承。在跨界融合的探索中，尤其需要把握好当下和长远的关系，并不能只依靠推出更多产品在短时间内"消费"长期积累的声誉和名望，而是要通过理念和技术的创新，使其美誉度能够更上一层楼，获得更多消费者的信赖，而并非仅仅满足人们的猎奇心理。

三、要点总结

大白兔营销创新的案例反映出品牌与渠道生产性服务商推动的产业升级需要具备以下三大条件。

第一，适用于供过于求的市场环境或体验性产品与服务。当前，市场竞争日趋激烈，在体验经济时代，消费者具有更加感性化、时尚化和个性化的消费需求，强化品牌认知已成为现代市场营销活动取得成功的关键所在。在供过于求的市场条件下，产品间的物理性差异变小，因而品牌营销的地位日益强化。大白兔在企业战略定位上，高度重视品牌策划和塑造、新产品研发，这是不断提升品牌内涵、重构价值链的核心优势所在。

第二，独特的品牌塑造能力、强大的品牌营销能力、高效的销售渠道建设与销售终端控制能力、先进的信息集成平台建设与运作能力。

第三，依托研发创新奠定品牌发展的基础。品牌建设需要以卓越的产品性能和质量为基础。当今社会，科技的迅猛发展推动着产品技术含量的提高和产品更新换代速度的加快，注重产品研发设计、加大创新投入已是品牌建设不可或缺的关键因素所在。

综上所述，侧重品牌与渠道的价值链集成商，以品牌和渠道建设为切入点，采用虚拟经营方式，通过品牌优势和信息化平台，集聚并整合价值链上多个制造与生产性服务环节的供应商，从而实现价值链重构，推动产业升级。

第三节　平台服务商推动的产业升级

一、路径释义

平台服务商以现代通信网络和电子商务技术为核心，通过网络化、信息化实现全产业链资源的集聚和整合，以线上、线下两种方式为产业链成员提供完整、便捷、即时的信息交流，并通过数据资产为平台成员提供增值服务，从而实现平台成员间更好的知识交流与合作，提高产业链的资源配置效率和创新水平。

平台服务商推动制造业的转型升级主要通过两种途径：一是以定制化、高端化、智能化平台服务为高端制造业提供电子商务服务；二是对产业链上的中小企业实现黏合和平台服务，低成本地实现中小企业在产业链上的信息互动，提高产业链上的资源配置效率，实现产业链的整体发展。

从整个社会宏观层面和产业中观层面来看，平台服务商增强了中小企业的创造力，为经济转型增长提供内生动力，体现了现代服务业服务于实体产业发展的作用。

二、典型案例

上海钢联电子商务钢材现货交易在线平台"我的钢铁"网（www.mysteel.com）就是一个平台服务商推动产业升级的案例。作为全国领先的网上钢材交易平台，"我的钢铁"推动了传统商贸模式到在线交易的转变，彻底改变了钢铁产业的交易模式。

中国钢材总产量和总交易量巨大，然而，在传统钢材商贸模式下，钢材从出厂到送至最终用户，需要经过多个流通环节。钢材流通市场上的贸易商约有30万家之多，仅上海就有约1.2万家钢材贸易企业，从业人员达10余万名之众。

20世纪90年代初，中国钢材流通的交易模式主要为前店后仓式现货钢材交易，而随着城市土地成本的攀升，为降低仓储成本，钢材交易场所与仓库逐步分离，交易方式也从实物交易转变为票据式仓单交易。仓单交易免掉了实物交易的物流和储运环节，节约了大量成本，但由于贸易商需要分别派驻人员进入交易市场与客户进行面谈，因此交易成本仍然很高且交易效率处于较低水平。

"我的钢铁"是钢铁及大宗商品信息及增值服务的互联网平台综合运营商，主要业务包括信息与交易平台、信誉等级评鉴、行业媒体传播、咨询与展会服务，以及融资服务等，是一个基于互联网的商务贸易与增值服务综合性平台。它对传统钢贸模式的升级改造主要体现在以下几个方面。

1. 依托互联网实现资讯交流和在线交易

"我的钢铁"网创始之初，主要定位为一家 B2B 的行业网站，网站集聚了钢材资源、供需等信息，每日滚动发布。随着金融交易手段的进步，买卖双方已经不满足于单向接受信息的方式，希望实现双向互动和在线交易，网站进一步增加了在线交易功能。围绕钢材在线交易服务，"我的钢铁"在传统贸易的基础上，引入网络融资业务和第三方信用认证等增值服务，提高交易安全性和便捷性，吸引了更多的贸易商参与交易。"我的钢铁"针对钢材贸易的特点，基于电子商务平台重新定义交易规则，弥补了仓单交易中钢厂、流通商和终端客户的信息不对称，通过电子商务规避风险、了解各方交易信用，彻底颠覆了传统的钢材流通模式。

2. 提高物流、资金流等环节的规模效应

钢铁行业的供应链中存在多个流通环节，每个环节中都存在仓储、转运等一系列物流问题。由于很多实体钢材市场受到场地规模和物流费用的限制，无法提供物流节点的功能，非常需要专业化的物流中心承担综合物流功能，并通过规模经济降低社会物流成本。"我的钢铁"利用电子商务平台，开展面向终端客户的"集中采购"，依托网络数据库，通过信息系统的整合来实现钢铁贸易产业与物流业联动发展，加快两业整合，助推产业发展。

资金方面，在"我的钢铁"第三方电子商务平台上，钢材贸易企业可以进行电子支付、融资信贷，物流企业可以追踪物流信息、对货物进行质押和监管，银行及融资公司可以实时获得整个供应链的信息，掌握物流、资金流的进展状况并完成支付结算，加强对交易各环节的风险控制，提升交易效率。依托电子商务技术，"我的钢铁"整合了钢铁流通行业的商流、资金流、信息流、物流，在货物仓储、物流配送、融资支付等多个环节形成规模化集约效应。

3. 开展大数据服务，建立行业话语权

"我的钢铁"母公司上海钢联建立了覆盖全国主要生产性大宗商品生产流

通的重点城市和地区的网络。公司在每个节点派驻专业的信息与资讯采集团队，通过对市场的动态监测和数据采集，在平台上提供包括钢铁、能源、矿业、有色金属等大宗商品数据，其客户遍布全国。

目前，上海钢联已经形成了国内首屈一指的数据采集体系，每日发布"我的钢铁——中国价格指数"，形成权威统计数据。依托强大的数据采集体系和研究体系构建的核心竞争力，"我的钢铁"逐步成为行业领袖，拥有注册会员50余万家，覆盖钢厂、流通商、物流企业、金融机构、行业研究机构、政府部门、主流媒体、中介服务机构等全产业链，对上下游厂商产生巨大的黏合作用，实现价值链重构与整合。

三、要点总结

平台服务商推动对传统制造业转型升级需要具备以下核心能力。

1. 拥有广泛的客户基础

平台服务规模集约效应的体现需要相当的客户规模。2020年，"我的钢铁"拥有50余万注册会员，月活跃用户比例近20%，覆盖全产业链，是国内钢铁等大宗商品交易最大的平台。

2. 涵盖金融、物流、信息的增值服务综合能力

提供产业链资源信息是平台服务商的基本功能，在此基础上，若平台服务商能嫁接金融、物流等增值服务，将进一步提高资源配置效率，形成其他成员对平台的黏性，提高平台服务商在产业链中的地位。

3. 依托大数据信息形成价值链上下游资源整合

平台服务商掌握大数据信息，这是形成对产业链成员影响力，实现价值链整合的重要资源。作为第三方机构，平台服务商在市场上具有专业地位，拥有广泛的信息沟通渠道，并掌握相对全面的信息。一方面，这些数据信息有助于促进信息对称，以及对银行、物流公司等进行风险评估和过程监管；另一方

面，大数据本身反映了价值链重构的内在动力，平台服务商合理利用大数据资源，将形成整合价值链的话语权。

第四节　供应链生产性服务集成商推动的产业升级

一、路径释义

供应链生产性服务集成商对制造业价值链不同环节所需要的生产性服务进行整合，成为全价值链生产性服务解决方案和集成服务提供商。此类企业一般具有强大的物流、金融、信息、平台等资源或能力优势，根据产业链其他成员的需求，提供个性化的集成服务。这类企业掌握丰富的平台资源，其核心价值在于提供全价值链生产性服务的个性化解决方案，具体业务则分包给专业化服务供应商来完成。供应链生产性服务集成商通过这种形式完成对市场资源的调动和组织，实现价值链重构，达到提高制造业生产效率、促进技术创新、降低生产成本、推动产业升级的目标。

二、典型案例

怡亚通（深圳市怡亚通供应链股份有限公司）是一家供应链生产性服务商，它是价值链集成商促进产业链运行效率提升进而推动产业升级的代表。

作为领先的供应链服务提供商，怡亚通以服务企业的需求为根本出发点，利用自身资源优势，构建了以信息流、资金流、商流、物流为载体，以供应链金融服务、生产型供应链服务、流通消费型供应链服务、跨境采购，以及产品资源整合供应链服务为内容核心的全供应链整合服务平台。通过采用不同的针对供应链的服务模式，帮助其业务伙伴实现价值链各个环节的全程供应链优化、管理和整合，从而提高了企业的市场竞争能力，提升了企业的价值。

1997年怡亚通创立之初，采取的是"单一代理通关"和"IT物流"等传统物流模式，随着自身的成长逐步导入供应链管理模式，即基于信息技术等手段，对供应链上资源和行为进行合理的调配和管理，提供个性化的系统解决方案。

与传统的供应链管理服务商相比，怡亚通的核心优势在于一站式供应链管理服务模式。传统的供应链服务商大多只是在供应链某些环节上提供专业服务，物流服务、代理销售、代理采购等业务由不同的服务商分别提供。怡亚通整合供应链物流、采购、分销、金融服务各环节，提供一站式供应链管理服务。

目前，怡亚通整合全球资源，建成覆盖供应链管理服务的两大服务平台——全球采购执行平台和全球分销执行平台，与全球40余个国家的几百家企业建立长期合作伙伴关系。强大的物流服务网络和平台资源，为怡亚通整合产业链资源提供基础。

围绕着"一站式供应链管理服务商业模式"，怡亚通凭借庞大的物流服务网络开展存货融资、外汇衍生交易等增值业务，实现了物流主业与金融业务的融合互动，为客户提供创新性服务。分销和采购这两项一站式供应链管理服务中的核心业务是开展金融业务的载体。怡亚通的商业模式如图5-1所示。

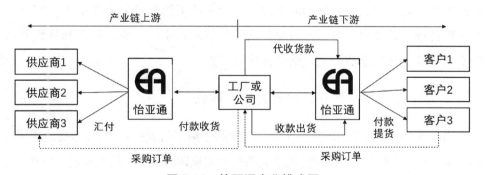

图5-1 怡亚通商业模式图

怡亚通对价值链上各环节进行了整合重构。怡亚通与采购商签订委托合同后，从其掌握的信息数据库内优选供应商，并可以根据客户需要垫付货款，然后负责货物运输等物流，最后由客户收货付款。无论是分销商还是生产商，都可以请怡亚通向采购商预付货款以减少生产或交易过程中的资金压力。而对于采购商而言，生产投入物资的资金成本大大降低，极大地提高了供应链的响应速度。

怡亚通通过物流产业链上的采购、分销、运输、融资等集成服务，整合产业链上、中、下游客户资源，提高了资源配置效率，实现价值链重构和产业升级。

三、要点总结

供应链生产性服务集成商形成价值链重构需要具备的核心能力包括以下几个方面。

1. 基于模块化集成、个性化定制、信息化平台等运作要素实现服务增值

随着专业化分工的深化,供应链服务集成商自己完成所有的服务既不现实也不经济,因此它在进一步服务外包的过程中需要高效整合平台资源,将供应链服务各环节进行模块化切割并完成系统集成,以客户需求为导向提供个性化定制方案,建设信息化管理服务平台和客户数据库。

2. 与客户实现即时协同的战略合作

物流供应链集成商作为价值链的集成者,需要具备平台的知识管理和信息集成能力。它可以通过自身的品牌优势、产业链资源和增值服务能力,实现对产业链各环节的资源整合,并与合作伙伴分享高效率的产业链运作和规模经济带来的收益,从而形成长期战略合作伙伴关系。

3. 处于协调供应链资源配置的核心地位

供应链生产性服务集成商主导供应链服务网络的资源配置,通过准确预测客户需求和客户关系管理,对供应链供求关系变动实现即时更新。其主要职责包括:其一,市场调查与预测;其二,平台采购、业务外包、过程监督与控制、供应链服务方案设计。由此提高生产性服务供应链的效率,降低运作成本,实现服务增值。

第五节 四种路径的比较与适用产业建议

上述分析表明,不同价值环节的企业成为价值链集成商需要具备不同的核

心能力，其实现价值集成进而推动产业升级的路径也有所不同。我国提出了生产性服务业重点发展的方向，包括研发设计、第三方物流、融资租赁、信息技术服务、节能环保服务、检验检测认证、电子商务、商务咨询、服务外包、售后服务、人力资源服务和品牌建设等领域。综合以上国家重点发展的产业方向，结合制造业、生产性服务业的产业范围和领域，本书认为，生产性服务推动制造业升级有四种产业路径。

1. 研发设计生产性服务商作为价值链集成商推动产业升级

该路径要求成为价值链集成商的企业具备产业领先的研发技术优势及产品设计创新能力、制定系统规则和模块化接口标准的能力、对外包供应商的有效筛选与管理能力，以及高效的信息系统集成能力。该路径适用于以技术和产品研发主导产业发展的产业领域，包括新能源、生物医药、新材料、高端装备制造、信息技术服务、节能环保服务、电子商务、软件和信息服务业。

2. 品牌与渠道生产性服务商作为价值链集成商推动产业升级

该路径要求成为价值链集成商的企业具备强大的品牌策划、营销推广能力、突出的研发设计能力、销售渠道建设与销售终端控制能力、信息化平台建设与运作能力。该路径适用于产品具有消费属性、对品牌比较敏感的消费品产业领域，特别是供过于求的产业领域，包括纺织、轻工以及采用先进生产技术并创新商业模式的快速消费品领域。

3. 平台服务商成为价值链集成商推动产业升级

该路径要求成为价值链集成商的企业拥有以下条件：第一，具备产业链的突出技术优势和服务水平，拥有广泛的客户基础，能为客户提供一站式服务体验；第二，具备良好的客户关系管理能力；第三，具备强大的虚拟网络平台运营能力；第四，具备涵盖金融、物流、信息的增值服务综合能力；第五，基于客户大数据的信息服务能力。该路径适用于产业链成员数量庞大、对平台服务需求显著的产业，包括电子商务、商务咨询、服务外包，以及汽车、钢铁、建材等传统制造业转型升级的产业。

4. 供应链生产性服务商成为价值链集成商推动产业升级

该路径要求成为价值链集成商的企业具备以下三种能力：第一，深入挖掘供应链各环节生产性服务需求的能力；第二，强大的全供应链服务解决方案设计能力；第三，构建并协调生产性服务外包网络资源配置的能力。该路径适用于能够覆盖制造业价值链多个环节，且服务内容比较丰富的生产性服务业，包括总集成和总承包、商务服务、物流服务、咨询服务、信息服务等。

根据生产性服务推动制造业升级以上四种产业路径的特征及需要价值链集成商具备的核心能力，本书提出每种路径适用的产业领域（见表 5-1）。

表 5-1 价值链集成商主导模式的实现路径比较及适用产业领域建议

主体	路径特征	价值链集成商需具备的核心能力	适用产业领域	代表性企业
研发设计生产性服务企业成为价值链集成商	1. 根据企业优势，将核心业务聚焦于上游研发设计环节，而将制造环节和非核心生产性服务环节外包； 2. 依托企业在研发设计环节的市场优势，打造研发平台并吸附诸多外包供应商，形成产业链协作关系，企业以核心委托人身份将多家外包供应商黏合起来重新构造价值链形态，成为价值链集成商	1. 领先的研发优势及产品设计创新能力； 2. 制定系统规则和模块化接口标准的能力； 3. 对外包供应商的有效筛选与管理能力； 4. 高效的信息系统集成能力	新能源、生物医药、新能源汽车、新材料、高端装备制造、信息技术服务、节能环保服务、电子商务、软件和信息服务业	华为公司
品牌与渠道生产性服务企业成为价值链集成商	1. 以品牌和渠道建设为切入点，通过品牌优势集聚并整合价值链上多个厂商； 2. 自身几乎不从事有形产品的生产制造，重视研发与设计，在企业形态上更接近生产性服务企业的轻资产形态	1. 强大的品牌策划、营销推广能力； 2. 突出的研发设计能力； 3. 销售渠道建设与销售终端控制能力； 4. 信息化平台建设与运作能力	纺织、轻工以及采用先进生产技术并创新商业模式的快速消费品领域	大白兔（光明集团）

续 表

主 体	路 径 特 征	价值链集成商需具备的核心能力	适用产业领域	代表性企业
平台服务企业成为价值链集成商	1. 企业拥有产业链的突出技术优势和服务水平； 2. 创新该生产性服务有效嵌入先进制造业价值链，与有形产品进行绑定的模式，实现对两个产业价值链的重构； 3. 服务技术优势与有形产品绑定，逐步发展为价值链体系中的核心厂商；其他企业围绕该核心厂商形成产业集聚，该厂商成为价值链的集成商	1. 拥有广泛的客户基础，为客户提供一站式服务体验，良好的客户关系管理能力； 2. 强大的虚拟网络平台运营能力； 3. 涵盖金融、物流、信息的增值服务综合能力； 4. 基于客户大数据的信息服务能力	电子商务、商务咨询、服务外包，以及汽车、钢铁、建材等传统制造业转型升级的产业	上海钢联"我的钢铁"网
供应链生产性服务企业成为价值链集成商	1. 为制造企业提供全价值链生产性服务的个性化解决方案设计； 2. 充分调集和整合市场资源来提供解决方案的全套服务，涉及多个服务领域； 3. 将供应链部分环节外包给专业服务商成为价值链集成商	1. 深入挖掘供应链各环节生产性服务需求的能力； 2. 强大的全供应链服务解决方案设计能力； 3. 构建并协调生产性服务外包网络资源配置的能力	总集成和总承包、商务服务、物流服务、咨询服务、信息服务	怡亚通

本章小结

本章运用国内外标杆案例，提出了价值链集成商主导下的生产性服务创新推动制造业升级的四种具体实施路径，结合我国明确提出的制造业重点发展的九大产业以及《国务院关于加快发展生产性服务业促进产业结构调整升级的指导意见》（国发〔2014〕26号）中提出的生产性服务业重点发展的方向，针对具体生产性服务业的发展情况，对四种路径的特征、需要具备的核心能力、适用产业领域及其代表性企业进行了详细的分析和对比研究，为各地区抓住关键产业找到最佳路径提供决策依据。

第六章　生产性服务创新绩效的影响因素

生产性服务创新涉及不同主体之间的知识整合与创新集成，本章将运用实证分析方法研究价值链集成商主导下集成创新绩效的影响因素。基于访谈和问卷调研，通过因子分析、多元回归等方法进行实证检验，最终得出相关结论。

第一节　创新绩效影响因素作用机理

一、企业间嵌入性关系与创新绩效

嵌入性（embeddedness）的概念最早由匈牙利经济史学家卡尔·波兰尼（Karl Polanyi, 1957）提出，他指出"人类经济嵌入并缠结于经济与非经济的制度之中"。企业并非孤立于社会的主体，而是处于各种联系的社会网络之中，其所拥有的关系资源将对企业行为产生重要影响。对于产业链上的生产性服务企业与制造业企业而言，这种基于嵌入性关系的合作网络是企业间信任与承诺、建立持久关系和深层次合作的重要因素（Huggins and Thompson, 2017）。嵌入性关系是组织间关系的主要内容，也是重要的联结方式。他那叻等（Dhanaraj and Beamish, 2004）将嵌入性关系划分为信任、资源共享、联结程度这三个维度。

(一) 信任维与创新绩效

信任作为一个复杂多维的概念,在经济和社会发展中发挥着重要作用。良好的信任关系是形成企业间嵌入性关系的必备要素,会对企业间合作的各个阶段都产生重要影响。相较于正式的控制约束,信任对企业与供应商的渠道关系质量影响更为重要(Yang et al.,2011)。

产业链中的信任机制有助于企业构筑社会资本,从而提高绩效。这一机制作为非正式契约进行的治理活动,是影响产业链成员合作的重要变量(杨德祥、侯艳君和张惠琴,2017)。信誉指标是企业选择合作伙伴的信号,并且是稳定合作创新关系的重要保障(俞舟,2014)。创新的不确定性及复杂性使得合作双方很难对资源投入、收益分配等问题进行完备的事前约定。声誉在企业之间合作时发挥了信号作用,并导致组织间产生自愿合作行为,与创新绩效有显著的正相关(詹志方,2018)。在创新联盟中,相互信任的企业组织可以通过知识和技术的交流与共享,创造性地开展和执行合作任务,从而更加有效地整合利用外部资源,提升创新绩效(芮明杰、张琰,2009)。伦德瓦尔(Lundvall,1992)认为,有必要在合作中建立相互信任和共同行为法则,以降低创新中的机会主义行为。特别是在生产性服务企业与制造业企业的协同合作与集成创新过程中,存在大量的知识外溢,很多合作是基于非正式契约的,如果合作成员之间缺乏诚信,那么创新合作根本无法进行;因此,在具有嵌入性关系的组织间,信任可以降低组织间交易的不确定性,为双方创造更多合作机会,实现更好的创新成果。

此外,在组织间学习与创新过程中,隐性知识很难通过正式渠道进行有效转移,而紧密的、毫无保留的直接交流等非正式渠道,能更有效地实现知识的传递(谭云清,2017)。地理临近性、信任关系与地方社会文化背景的同一性,使知识扩散变得相对容易(Maravilhas and Martins,2019)。生产性服务企业与制造业企业相互信任的和谐关系,会营造一种平等、分享、互助的氛围,不同企业员工间正式和非正式的交流渠道,有助于促进组织间信息、技能和知识诀窍的流动,从而实现隐性知识的转移。

(二) 资源维与创新绩效

资源维描述了组织之间通过正式或非正式渠道进行的信息、物质资料、人力资源等生产要素共享的程度。社会经济的高度竞争，使得必须不断从外部环境获得信息和资源，提高创新速度，激发出企业间知识合作和协同创新的内生需求。因此，从本质上说，组织间的嵌入性关系就在于通过整合优势资源产生创新的协同效应，形成难以模仿的关系性租金，提升组织核心竞争力。

嵌入性关系强调成员共享优质资源，组织间异质性资源的共享程度与企业的技术创新绩效正相关(Dyer and Nobeoka, 2000)。基于嵌入性关系的组织间具有共同的合作目标，知识转移和共享不仅可以实现组织间知识的积累和互补，而且有助于提高组织的创新能力和创新意识(Ceballos et al., 2017)，而组织间共享的信息越多，渠道越广，创新能力就越强。基于嵌入性关系的生产性服务企业和制造企业合作双方通过互动交流，特别是隐性知识的交流和互换，将促进新知识的产生，提高创新绩效(Choudhary et al., 2019)。

(三) 联结维与创新绩效

以关系强度为标准，嵌入关系可以区分为强联结与弱联结。以格兰诺维特(Granovetter, 1985)为代表的学者认为，相较于强联结，弱联结在创新网络的知识转移中发挥着重要作用。因为社会网络中的弱联结使网络成员具有广泛的多样性，不被固定角色所限制，更容易实现探索式学习(Rhee, 2004)。弱联结状态下，组织在信息搜寻过程中所受到的系统制约更少，可以避免因约束过强而可能产生的组织僵化等不利影响，从而具有更强的适应性(芮明杰、张琰，2009)。从这个意义来说，弱联结有助于解决网络中自主性和联结性的矛盾，在传递异质性知识方面的优势(Uzzi and Lancaster, 2003)将有助于知识转移和组织间学习。

与上述观点不同，也有很多学者认为，强联结与组织学习绩效具有正向关系。在强联结关系中，成员之间具有很高的信任和互惠程度，机会主义行为受到一定程度的约束。在信息不对称所引致的逆向选择和道德风险约束下，双方的合作历史经验决定了交易的频率，强联结通过信任与资源共享机制加强合作深度，促进组织间隐性知识的转移。此外，由于吸收能力的形成需要基于一定的知识积累基础，当企业拥有某一领域越多的知识，就越容易在此领域获取更多的知识和诀窍。龙静和吕四海（2006）认为，网络成员广泛的知识基础，有助于组织获得更广泛领域的知识；而网络成员间知识领域的高度重合，有助于提高知识传播和运用的程度。在强联结关系中，节点间交流和沟通频率越高，越有可能形成相似或相近的知识基础，从而大大提高组织间学习和知识共享的程度。

综上所述，信任维、资源维、联结维三个维度对于具有嵌入性关系的组织间创新绩效的作用机制可以通过图 6-1 来表示。

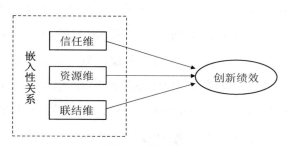

图 6-1　嵌入性关系对创新绩效的作用机制

基于以上分析，提出研究假设：

$H1$：嵌入性关系与创新绩效具有显著的正相关关系，嵌入性关系越强，创新绩效越高；反之，创新绩效越低。

$H1a$：生产性服务企业与合作伙伴间信任程度越高，创新绩效越高；反之，创新绩效越低。

$H1b$：生产性服务企业与合作伙伴间资源共享程度越高，创新绩效越高；反之，创新绩效越低。

$H1c$：生产性服务企业与合作伙伴间联结强度越高，创新绩效越高；反之，创新绩效越低。

二、组织间学习与集成创新绩效

组织间学习是指企业与顾客、供应商、竞争者及其他各种形式合作者进行的知识收集、转移、利用、创造等一系列活动，是合作成员寻求战略和运营路径实现知识创新以提升绩效的行为(崔日晓、王娟茹和张渝，2019)。由于企业不可能拥有实现创新所需的全部资源和技术，仅依靠自身力量已很难满足创新的要求，组织间学习在创新研究中的地位越来越重要。

价值链集成商主导下，生产性服务与制造业企业之间基于价值链嵌入关系的集成创新，涉及知识的转移和共享。由于隐性知识很难通过正式契约进行管理和控制，因此组织间学习是提高创新绩效的重要基础(Yang et al.，2011)。生产性服务与制造业企业之间多种合作模式，诸如供应商网络、技术合作组织、合作联盟等，是实现组织间学习的重要渠道，企业通过组织间学习能够获取和使用合作伙伴的知识资源，增强企业的竞争优势；而通过合作过程中对隐性知识的共享，构建组织间学习机制，将会提高创新能力。厂商为了更加方便地获取默会知识(tacit knowledge)和技术外溢的好处，愿意促成更多近距离的交流或"面对面"接触，以降低知识传递的成本(Billings and Johnson，2016)。

组织间学习包括知识获得(Knowledge Acquisition)、知识转移(Knowledge Transfer)、知识整合(Knowledge Integration)三个主要环节(Jerez-Gómez et al.，2005)。沿着这个框架，本研究将组织间学习划分为三个阶段：第一阶段称为"知识的共享与获取"，即企业通过与合作伙伴的知识共享，从外部获得新知识；第二阶段称为"知识的转移与吸收"，即合作企业之间建立组织间学习机制以实现知识转移，并对转移的知识加以吸收；第三阶段称为"知识的整合与应用"，对获取的外部知识加以整合和应用，提升企业绩效。

1. 知识的获取与共享

当前的知识经济时代，知识获取能力成为影响企业竞争力的重要因素。李纲、陈静静和杨雪(2017)认为，从外部合作者获取的知识与企业创新绩效正相关。特别是在战略联盟中，企业对外部知识的学习和利用效果一定程度决定了企业绩效(吴绍波、顾新，2014)。对新知识的获取能够帮助企业形成可持续创新的能力(谭云清，2017)。

2. 知识的转移与吸收

在跨组织合作的情境中，知识转移有助于提高合作绩效。知识源的知识转移的意愿与知识转移效果成正相关(Van Wijk et al.，2008)，例如供应商和制造商之间的良好沟通，可以缩短产品开发周期。如果知识源认为知识转移会影响自身的知识所有权或认为知识转移回报具有较强不确定性，那么都会降低知识转移的意愿。王永贵和马双(2018)基于发包与承包双方知识转移视角，对服务外包中的创新能力进行了理论探讨与实证研究，认为合作双方的开放程度越高，各方从中获取的知识就越多。知识转移与学习效果之间存在显著的正相关(Fang et al.，2006)，在合作企业之间，拥有较高吸收能力的企业能够通过吸收外部的新知识提高自身创新能力。

3. 知识的整合与应用

在新经济环境中，企业为了长远发展，需要通过不断整合知识资本等战略资源以培育核心竞争力，进而构建并提升竞争优势(喻登科、严红玲，2019)。臧维、赵联东和徐磊等(2019)基于知识管理的视角发现团队跨界行为对创新绩效具有正向影响，这种影响是通过知识整合能力的中介作用实现的。温超和陈彪(2019)借鉴经验学习理论和战略管理理论，构建了创业学习中的整合性知识运用对新企业竞争优势的影响机理模型。

图6-2描述了组织间学习的三个关键环节，即知识获取与共享、知识转移与吸收、知识整合和应用，对组织创新绩效的影响机制。

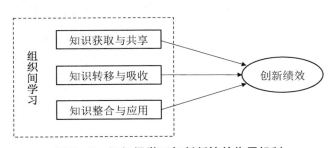

图6-2 组织间学习与创新绩效作用机制

依据图6-2描述的作用机制，提出如下假设：

H2：生产性服务企业与合作伙伴间的组织间学习与创新绩效存在显著正相关，组织间学习效果越好，创新绩效越高；反之，创新绩效越低。

H2a：生产性服务企业与合作伙伴间知识的获取与共享和创新绩效正相

关，知识的获取与共享程度越高，创新绩效越高；反之，创新绩效越低。

H2b：生产性服务企业与合作伙伴间知识的转移与吸收和创新绩效正相关，知识的转移与吸收程度越高，创新绩效越高；反之，创新绩效越低。

H2c：生产性服务企业与合作伙伴间知识的整合与应用和创新绩效正相关，知识的整合与应用程度越高，创新绩效越高；反之，创新绩效越低。

三、组织间学习的中介作用

在研究嵌入性关系和组织间学习对创新绩效影响机制的基础上，本节进一步讨论组织间学习作为嵌入性关系与创新绩效的中介变量所起的作用。

（一）信任维与组织间学习

信任是影响知识转移效果的重要因素。生产性服务企业与合作伙伴间信任程度越高，进行知识转移的意愿就越高。在缺乏信任的环境中，出于保护自己"特异性知识"的目的，合作双方将通过显性或隐性的防卫机制以减少自身知识外泄，大大降低组织间知识转移的效果（王永贵、刘菲，2019）。

知识的获取与共享、转移与吸收、整合与应用这三个组织间学习的阶段随着学习的程度逐渐加深和难度逐渐加大，对信任程度的要求也更高。

生产性服务企业与制造业企业间的信任是基于双方各自的信誉、声誉以及既往合作经验产生的。合作双方的信任程度越高，知识的开放程度就越高，从而组织间学习绩效水平也越高。从这个意义上说，信任是确保知识获取效果的重要因素。

（二）资源维与组织间学习

企业间的资源共享是实现组织间学习的重要途径。开放式创新下合作型研发外包中发包方和接包方的知识转移关系，受到知识资源投入的影响（楚岩枫、郝鹏飞，2019）。组织间建立的资源分享与知识转移机制，可以帮助合作双方积累和创造知识，形成持续学习的理念与行为。

生产性服务企业与制造企业间的嵌入性关系，影响了组织获取信息的能力。生产性服务企业对技术、市场、客户等多方面的专业知识，对制造企业提升产品和技术水平、把握市场动态具有重要价值。

(三) 联结维与组织间学习

处于强联系的合作双方基于对彼此价值观和理念的深入了解，具有更强的互助与交流意愿，关于市场和客户知识的共享会帮助合作企业及时了解经营风险和问题。

具有强联系的合作伙伴间通过正式的交流渠道进行知识转移，由于在知识转移过程中实现双向反馈与修正，因此知识转移的效率和效果得以提高。而由于隐性知识属于"默会性知识"（芮明杰，2018），不易编码化和明晰表达，它一般存在于组织实践中，只有在一定的关系和情境中才能进行转移和共享；因此，组织间建立起的联结关系有助于正式和非正式组织间学习渠道的形成，是实现知识获取和转移的有效机制。

基于上述分析，嵌入性关系与组织间学习的作用机制可以通过图 6-3 来表示。

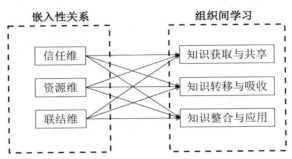

图 6-3　嵌入性关系与组织间学习作用机制

本研究提出如下假设：

$H3a$：生产性服务企业与合作伙伴信任程度与知识获取与共享程度具有正相关性。信任程度越高，知识获取与共享程度越高；反之，信任程度越低，知识获取与共享程度越低。

$H3b$：生产性服务企业与合作伙伴信任程度与知识转移与吸收程度具有正相关性。信任程度越高，知识转移与吸收程度越高；反之，信任程度越低，知识转移与吸收程度越低。

$H3c$：生产性服务企业与合作伙伴信任程度与知识整合与应用程度具有正相关性。信任程度越高，知识整合与应用程度越高；反之，信任程度越低，知识整合与应用程度越低。

$H4a$：生产性服务企业与合作伙伴资源共享程度与知识获取与共享程度具有正相关性。资源共享程度越高，知识获取与共享程度越高；反之，资源共享程度越低，知识获取与共享程度越低。

$H4b$：生产性服务企业与合作伙伴资源共享程度与知识转移与吸收程度具有正相关性。资源共享程度越高，知识转移与吸收程度越高；反之，资源共享程度越低，知识转移与吸收程度越低。

$H4c$：生产性服务企业与合作伙伴资源共享程度与知识整合与应用程度具有正相关性。资源共享程度越高，知识整合与应用程度越高；反之，资源共享程度越低，知识整合与应用程度越低。

$H5a$：生产性服务企业与合作伙伴的联结强度与知识获取与共享程度具有正相关性。强联结程度越高，知识获取与共享程度越高；反之，强联结程度越低，知识获取与共享程度越低。

$H5b$：生产性服务企业与合作伙伴的联结强度与知识转移与吸收程度具有正相关性。强联结程度越高，知识转移与吸收程度越高；反之，强联结程度越低，知识转移与吸收程度越低。

$H5c$：生产性服务企业与合作伙伴的联结强度与知识整合与应用程度具有正相关性。强联结程度越高，知识整合与应用程度越高；反之，强联结程度越低，知识整合与应用程度越低。

四、作用机制与模型

基于信任和长期合作的嵌入性关系能够增进组织间认同感，降低合作双方的机会主义倾向，提高组织间知识交流和共享水平。从信任的维度看，生产性服务企业与合作伙伴的信任程度与知识分享的意愿正相关；从资源的维度看，企业间异质性资源有助于提升企业的知识和技术水平，增进学习能力；从合作关系（联结）的维度看，基于嵌入性关系的强联结有助于建立有效的沟通渠道，提高知识交流互动的频率和深度，建立组织间的认同感和信任关系；特别是双方对于市场和客户偏好等信息的分享，可以帮助企业把握市场机遇，及时判断，降低不确定性风险，提升组织创新绩效。

生产性服务企业与制造企业的组织间学习实质上是充分发挥各自知识优势、技术优势、信息优势，实现知识获取与共享、知识的转移与吸收，以及知识的整合与应用的过程。信任程度、异质性资源、联结关系三大因素是影响合作企业间嵌入性关系的主要变量。信任、资源、联结关系一方面会直接影响企业的创新绩效，另一方面会影响组织间学习效果，进而间接地影响创新绩效。各要素之间的相互关系如图6-4所示。

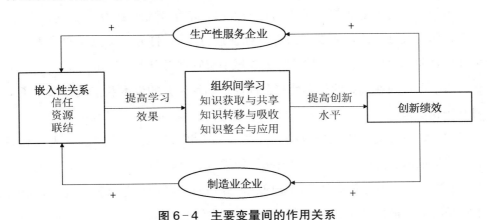

图 6-4　主要变量间的作用关系

本实证研究的理论模型如图 6-5 所示。

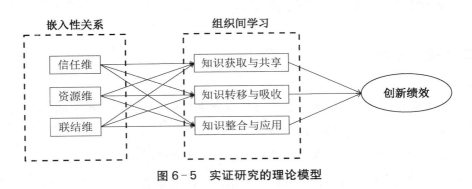

图 6-5　实证研究的理论模型

如图 6-5 所示，在本研究的理论模型中，嵌入性关系归结为信任维、资源维、联结维三个维度；组织间学习归结为知识获取与共享、知识转移与吸收、知识整合与应用三个方面。组织间学习在嵌入性关系与组织创新绩效关系中起到中介作用。

第二节 研究设计与问卷回收

一、问卷设计

本问卷采用了定性与定量相结合的方法，基于李克特研究量表进行设计。量表采用5级打分法，要求被访者对选项进行1—5打分。每份问卷代表了一个被访企业，由担任企业高层或相关领域中层管理者以上人员作答。

为了保证问卷设计的科学性与合理性，确保研究的效度和信度，采用了下列方法和步骤：

首先，通过文献研究形成初始问卷。基于相关研究领域的已有成果和观点，选择最为契合的分析变量形成初始问卷；

其次，通过专家咨询调整问卷内容。分别向学者和企业家就问卷设计进行了意见咨询，根据其建议对问卷进行了修改和调整；

最后，选择了20家企业进行小范围的问卷前测，面对面地向前测对象征询意见和建议，并进一步对问卷进行修改和完善。

二、问卷基本内容

问卷设计围绕生产性服务企业与制造企业的嵌入性关系、组织间学习以及创新绩效展开，主要包括四部分内容：

1. 企业与合作伙伴间关系，考察其嵌入性关系情况；
2. 企业与合作伙伴间的组织间学习情况，考察知识获取与共享、转移与吸收、整合与应用的情况；
3. 企业创新绩效；

4. 被访企业基本信息。

三、问卷发放与回收

通过上述抽样方法,共发放问卷 350 份,回收 156 份,其中,有效问卷 144 份。主要通过三个途径发放问卷:一是对于生产性服务的重点企业,研究人员在进行访谈调研的时候直接发放问卷。这类问卷回收率很高,也具有较高的可信度;二是随机抽样调研。研究人员通过企业名录查找企业的联系方式,直接通过 E-mail 方式发送问卷。这类问卷回收率很低,可信度难以衡量;三是通过生产性服务园区的管委会直接向辖区内的企业发放问卷。这类问卷针对性强,回收率较高,可信度也较高。

第三节 描述性统计

本研究以生产性服务企业为调研对象,样本企业包括国有企(事)业、民营企业、外资企业(含外商独资、中外合资),所涉及的行业包括互联网、通信与信息服务类,研发、设计创意服务类,金融、银行、保险类,贸易、流通服务类,物流、运输类等六大类生产性服务产业部门。被访者来自行政管理、营销、财务等主要企业部门,对企业情况较为了解,能较为准确地反映企业的情况。样本的人口统计学特征如表 6-1 所示。

表 6-1 调研对象人口统计学的描述性统计

	项目	频数	百分比(%)
企业性质	国有企(事)业	39	27.1
	民营企业	32	22.2
	外资企业(含外商独资、中外合资)	71	49.3
	其他	2	1.4

续表

项目		频数	百分比(%)
行业	互联网、通信与信息服务	30	20.8
	物流、运输	9	6.3
	金融、银行、保险	28	19.4
	教育、咨询、专业服务	17	11.8
	贸易、流通服务	21	14.6
	研发、设计创意	29	20.2
	其他	10	6.9
所在部门	研发设计	17	11.8
	物流	4	2.8
	财务、审计、法务	34	23.6
	行政管理	19	13.2
	制造生产	8	5.6
	销售、市场	35	24.3
	客户服务	14	9.7
	其他	13	9.0
公司年销售额	500万元以下	13	9.0
	500万—1 000万元(不含)	13	9.0
	1 000万—5 000万元(不含)	14	9.7
	5 000万—1亿元(不含)	11	7.6
	1亿—10亿元(不含)	48	33.3
	10亿元及以上	45	31.3

第四节 变量设计、信度与效度分析

一、变量的定义与分类

从可测性的角度将结构方程模型涉及的变量分为显变量(manifest variable)和潜变量(latent variable)两类。显变量又称观测变量(observed variable)，指可直接观察并测量的变量；潜变量则是指本身不能直接观察，但可以通过测度显变量而进行表征的变量。

本研究中，嵌入性关系包含信任维(TD)、资源维(RD)、联结维(CD)三个潜变量；组织间学习包含知识获取与共享（KAS）、知识转移与吸收（KTA）、知识整合与应用（KIA）三个潜变量；企业创新绩效（IP）包含一个潜变量，共有显变量23项，如表6-2所示。

表6-2 变量分类列表

潜变量	潜变量	显变量符号	显变量内容
嵌入性关系	信任维（TD）	$TD-1$	Q1 合作伙伴与本企业相互信任
		$TD-2$	Q2 双方在合作过程中能够信守承诺
		$TD-3$	Q3 合作伙伴不会利用贵单位的弱点获得不当收益
	资源维（RD）	$RD-1$	Q4 合作中能够得到对方的情感支持
		$RD-2$	Q5 合作中双方尽可能相互提供所需的信息
		$RD-3$	Q6 合作中双方共享互补战略性资源
	联结维（CD）	$CD-1$	Q7 产业链上下游的合作伙伴与贵单位联系非常频繁
		$CD-2$	Q8 产业链上下游的合作伙伴与贵单位联系非常深入
		$CD-3$	Q9 产业链上下游的合作伙伴与贵单位保持长期合作关系
组织间学习	知识获取与共享（KAS）	$KAS-1$	Q10 贵单位通过与上下游企业的合作，获取了更多业务流程的知识
		$KAS-2$	Q11 贵单位与合作伙伴愿意分享彼此的知识与经验
		$KAS-3$	Q12 合作中，贵单位与合作伙伴相互提出建设性方案，供对方参考
	知识转移与吸收（KTA）	$KTA-1$	Q13 贵单位能够迅速把握行业最新资讯和进展
		$KTA-2$	Q14 贵单位注重技术及相关知识的学习
		$KTA-3$	Q15 贵单位具有理解合作伙伴知识所需的知识背景
		$KTA-4$	Q16 贵单位对知识进行消化吸收能力非常强
	知识整合与应用（KIA）	$KIA-1$	Q17 贵单位与上下游企业通过合作，共同创造了新技术
		$KIA-2$	Q18 贵单位与上下游企业通过合作，共同创造了新产品
		$KIA-3$	Q19 贵单位与上下游企业通过合作，共同创造了新工艺流程或服务流程
创新绩效	创新绩效（IP）	$IP-1$	Q20 新产品/服务数量高于行业平均水平
		$IP-2$	Q21 新产品/服务销售额占销售总额的比重高于行业平均水平
		$IP-3$	Q22 新产品/服务的开发和市场化速度高于行业平均水平
		$IP-4$	Q23 产品/服务创新的成功率高于行业平均水平

二、信度与效度

信度(reliability)是指重复测量所得到结果的一致性程度。信度指标一般用信度系数表示，用以反映测量工具(问卷或量表)的稳定性与可靠性。本研究采用 Cronbach's α 系数测量问卷各题项的信度，结果显示 Cronbach's α 系数均大于 0.7，满足实证分析的信度要求。

效度(validity)是指能够准确测出所需测量事物的程度。由于本研究涉及的变量数目较多，为避免因结构效度下降而导致的共同偏误(common-method bias)，将采用探索性因子分析(EFA)检验结构效度。

通过因子分析得到每个测量题项与潜变量(公因子)间的因子载荷，本问卷的所有测量题项均得到大于 0.70 的因子载荷，表明该问卷具有较好的收敛效度。

此外，本问卷计算了 CITC 系数作为 Cronbach's α 信度检验的补充，原则上要大于 0.50。运用 SPSS 软件对问卷的信度与效度进行了分析。

(一) 嵌入性关系信度与效度分析

问卷设计的 Q1—Q9 从信任维、资源维和联结维三个维度分别测量嵌入性关系。经检验，得到 KMO 样本充足性测试系数 0.774，Bartlett 球形检验卡方值 369.040，显著性 0.000，均符合因子分析的要求。结果如表 6-3 所示。

表 6-3 嵌入性关系信度与效度分析

主因子	题项	因子载荷			CITC	Cronbach's α
		F1	F2	F3		
F1 信任维 (TD)	Q1 合作伙伴与本企业相互信任	0.740			0.524	
	Q2 双方在合作过程中能够信守承诺	0.840			0.605	0.701
	Q3 合作伙伴不会利用贵单位的弱点获得不当收益	0.733			0.501	

续 表

主因子	题项	因子载荷 F1	因子载荷 F2	因子载荷 F3	CITC	Cronbach's α
F2 资源维（RD）	Q4 合作中能够得到对方的情感支持		0.712		0.538	0.706
	Q5 合作中双方尽可能相互提供所需的信息		0.751		0.547	
	Q6 合作中双方共享互补战略性资源		0.793		0.554	
F3 联结维（CD）	Q7 产业链上下游的合作伙伴与贵单位联系非常频繁	0.779			0.621	0.780
	Q8 产业链上下游的合作伙伴与贵单位联系非常深入	0.882			0.688	
	Q9 产业链上下游的合作伙伴与贵单位保持长期合作关系	0.720			0.557	

（二）组织间学习信度与效度分析

调研问卷 Q10—Q19 用以测量组织间学习。问卷设计从知识获取与共享、知识转移与吸收、知识整合与应用这三个维度进行测量。经检验，得到 KMO 样本充足性测试系数值 0.755，Bartlett 球形检验卡方值 632.689，显著性 0.000，表明数据适合进行因子分析。统计结果见表 6-4。

表 6-4 组织间学习信度与效度分析

主因子	题项	因子载荷 F1	因子载荷 F2	因子载荷 F3	CITC	Cronbach's α
F1 知识获取与共享（KAS）	Q10 贵单位通过与上下游企业的合作，获取了更多业务流程的知识			0.775	0.575	0.720
	Q11 贵单位与合作伙伴愿意分享彼此的知识与经验		0.816		0.630	
	Q12 合作中，贵单位与合作伙伴相互提出建设性方案，供对方参考			0.778	0.536	

续 表

主因子	题 项	因子载荷 F1	因子载荷 F2	因子载荷 F3	CITC	Cronbach's α
F2 知识转移与吸收 (KTA)	Q13 贵单位能够迅速把握行业最新资讯和进展		0.757		0.667	0.840
	Q14 贵单位注重技术及相关知识的学习		0.854		0.643	
	Q15 贵单位具有理解合作伙伴知识所需的知识背景		0.812		0.702	
	Q16 贵单位对知识进行消化吸收能力非常强		0.729		0.680	
F3 知识整合与应用 (KIA)	Q17 贵单位与上下游企业通过合作，共同创造了新技术	0.813			0.610	0.834
	Q18 贵单位与上下游企业通过合作，共同创造了新产品	0.854			0.748	
	Q19 贵单位与上下游企业通过合作，共同创造了新工艺流程或服务流程	0.850			0.733	

（三）创新绩效信度与效度分析

调研问卷 Q20—Q23 用来测量组织的创新绩效。分析得到 KMO 样本充足性测试系数 0.761，Bartlett 球形检验卡方值 354.293，自由度为 6，显著性 0.000，显示样本数据可以进行因子分析。

根据研究假设，创新绩效的 4 个分析题项归于一个主因子。进行信度分析得到 Cronbach's α 系数最低为 0.892，特征值为 3.022，累计方差解释率为 75.538%，适合进行因子分析（见表 6-5）。

表 6-5 创新绩效信度与效度分析

主因子	题 项	因子载荷 F1	CITC	Cronbach's α
F1 创新绩效 (IP)	Q20 新产品/服务数量高于行业平均水平	0.805	0.673	0.892
	Q21 新产品/服务销售额占销售总额的比重高于行业平均水平	0.894	0.800	
	Q22 新产品/服务的开发和市场化速度高于行业平均水平	0.888	0.788	
	Q23 产品/服务创新的成功率高于行业平均水平	0.887	0.788	

第五节 因子分析

为了对嵌入性关系、组织间学习及企业创新绩效的多个变量进行测量，本研究采用因子分析方法用相对较少的综合指标分析存在于复杂变量中的信息，从而反映多个指标或因素之间的内在联系。

进行因子分析首先要确定样本数据是否符合因子分析的要求。研究量表通过了样本充足性检验，KMO卡方值显示调研样本适合进行因子分析。

本研究采用了主成分分析法，经旋转后的因子载荷矩阵及因子得分见表6-6。

表6-6 旋转后的因子载荷矩阵及因子得分

分析维度	公因子（符号）	成分1	成分2	成分3
嵌入性关系	信任维因子（TD）	0.278 0.183 -0.121	0.740 0.840 0.733	0.118 0.061 0.194
	资源维因子（RD）	0.206 0.180 0.142	-0.008 0.228 0.194	0.712 0.751 0.793
	联结维因子（CD）	0.779 0.882 0.720	-0.024 0.138 0.201	0.299 0.073 0.240
组织间学习	知识获取与共享因子（KAS）	-0.131 0.193 0.199	0.210 0.027 -0.017	0.775 0.816 0.778
	知识转移与吸收因子（KTA）	0.757 0.854 0.812 0.729	0.291 0.063 0.083 0.338	0.109 -0.151 0.261 0.209
	知识整合与应用因子（KIA）	0.124 0.236 0.186	0.813 0.854 0.850	-0.082 0.124 0.205

续表

分析维度	公因子（符号）	成分 1	2	3
创新绩效	创新绩效（IP）	0.805 0.894 0.888 0.887		

第六节 回归分析

一、回归分析前提条件检验

（一）样本充足量检验

本研究的理论模型提出了组织间学习在嵌入性关系与创新绩效中起到中介作用的研究假设。根据因子分析的结果，嵌入性关系有三个变量（分别为 TD、RD 和 CD）；中介变量组织间学习也有三个变量（分别为 KAS、KTA 和 KIA）；因变量创新绩效有 1 个变量，即 IP。

综上，本实证研究有三个自变量，三个中介变量，并且每个变量的平均样本数量为 48 个。当回归分析的样本量达到变量个数的 8—10 倍以上时，回归分析具有较好的分析效果。因此，本研究样本量满足回归分析的基本要求。

（二）多重共线性分析

为避免自变量之间相关性过高导致回归分析的误差与失常，需要对变量间共线性进行检验。本研究通过容忍度（tolerance）和方差膨胀因子（VIF）进行检验。方差膨胀因子值越大意味着自变量的容忍度越小，则共线性存在的风险更高。在统计上，如果 VIF 值小于 10 则说明变量间不存在多重共线性。本研对自变量和中介变量的共线性检验得到所有变量的 VIF 值均小于 10，可以拒绝原假设，说明该样本适合进行回归分析（见表 6-7）。

表 6-7　自变量和中介变量的多重共线性分析

	TD	RD	CD	KAS	KTA	KIA
Tolerance	0.688	0.873	0.788	0.812	0.696	0.833
VIF	1.454	1.146	1.268	1.231	1.437	1.201

（三）异方差分析

本研究使用散点图来检验回归模型是否存在异方差现象。如图 6-6 和图 6-7 所示，本研究所有回归模型的散点图均呈无序状态，说明不存在异方差问题。

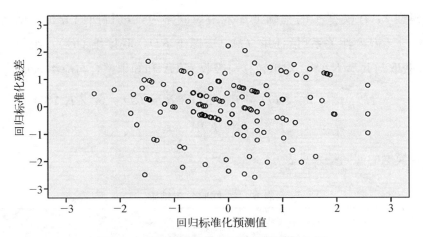

图 6-6　因变量对自变量做回归的散点图

二、回归分析

接下来，本研究构建了两个回归模型，通过层次回归分析来验证组织间学习对嵌入性关系和创新绩效的影响。

模型 1：将嵌入性关系作为自变量与创新绩效进行回归分析。创新绩效 $(IP)=f$ [嵌入性关系（信任维 TD、资源维 RD、联结维 CD）]，即

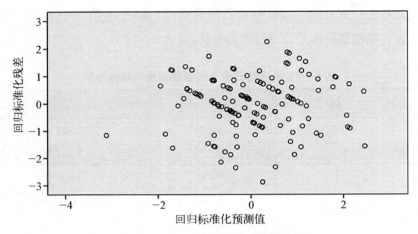

图 6-7　加入中介变量后的散点图

$$IP = \beta_0 + \beta_1 \times TD + \beta_2 \times RD + \beta_3 \times CD + \varepsilon \qquad (6-1)$$

模型 2：在模型 1 的基础上加入组织间学习，进行回归分析。创新绩效 (IP) $=f$ [嵌入性关系 (信任维 TD，资源维 RD，联接维 CD)，组织间学习 (知识获取与共享 KAS，知识转移与吸收 KTA 和知识整合与应用 KIA)]，即

$$IP = \beta_0 + \beta_1 \times TD + \beta_2 \times RD + \beta_3 \times CD + \beta_4 \times KAS$$
$$+ \beta_5 \times KTA + \beta_6 \times KIA + \varepsilon \qquad (6-2)$$

各模型的回归结果见表 6-8。

表 6-8　回归分析结果

模型	变量	标准化系数	t	Sig.	F	Adjusted R^2
1	TD	0.331	4.505***	0.000	15.137	0.229
	RD	0.214	2.247***	0.000		
	CD	0.299	4.047***	0.000		
2	TD	0.049	0.631	0.000	15.873	0.415
	RD	0.054	0.783	0.000		
	CD	0.176	2.450**	0.000		
	KAS	0.431	6.074***	0.000		
	KTA	0.351	4.575***	0.000		
	KIA	0.080	1.148	0.000		

注：*$P<0.1$，**$P<0.05$，***$P<0.01$

从模型 1 的回归结果来看，信任维、资源维和联结维的标准化回归系数分别为 0.331，0.214 和 0.299，t 检验值显示存在显著的正相关关系。这说明嵌入性关系从信任、资源和联结三个维度促进了企业间产生信任与承诺、共享资源信息及建立持久关系和深度合作，从而促进了创新绩效的提升。

在模型 1 的基础上，模型 2 将组织间学习作为嵌入性关系和创新绩效的中介变量引入模型，考察组织间学习的作用机制。

组织间学习也包含三个维度，即知识获取与共享、知识转移与吸收和知识整合与应用。从模型 2 的回归结果与模型 1 的对比来看，未加入中介变量（即组织间学习的三个维度）前，嵌入性关系的三个维度，对创新绩效的影响都是显著的。当加入组织间学习这个中介变量后，回归结果显示，嵌入性关系三个维度的标准化回归系数变为 0.049，0.054 和 0.176，前两个的 t 检验值分别为 0.631 和 0.783，对创新绩效的影响不再显著。而第三个维度即联结维，虽然显著性比模型 1 有所降低，但依然显著。组织间学习三个维度的标准化回归系数分别为 0.431，0.351 和 0.080，t 检验值分别为 6.074，4.575 和 1.148，前两个维度对创新绩效存在显著的正相关关系。而第三个维度检验结果并不显著，说明当组织间处于嵌入性关系中的强联结关系时，组织间学习对创新绩效的中介作用不显著，即强联结并没有显著促进组织间学习的提升进而提高创新绩效。

综上分析，将本研究假设结论总结如下，见表 6-9。

表 6-9 研究假设检验结果总表

研 究 假 设	结 论
$H1$：嵌入性关系与创新绩效具有显著的正相关关系，嵌入性关系越强，创新绩效越高；反之，创新绩效越低	支持
$H1a$：生产性服务企业与合作伙伴间信任程度越高，创新绩效越高；反之，创新绩效越低	支持
$H1b$：生产性服务企业与合作伙伴间资源共享程度越高，创新绩效越高；反之，创新绩效越低	支持
$H1c$：生产性服务企业与合作伙伴间的联结强度越高，创新绩效越高；反之，创新绩效越低	部分支持

续 表

研 究 假 设	结 论
$H2$：生产性服务企业与合作伙伴间的组织间学习与创新绩效存在显著正相关，组织间学习效果越好，创新绩效越高；反之，创新绩效越低	支持
$H2a$：生产性服务企业与合作伙伴间知识的获取与共享和创新绩效正相关，知识的获取与共享程度越高，创新绩效越高；反之，创新绩效越低	支持
$H2b$：生产性服务企业与合作伙伴间知识的转移与吸收和创新绩效正相关，知识的转移与吸收程度越高，创新绩效越高；反之，创新绩效越低	支持
$H2c$：生产性服务企业与合作伙伴间知识的整合与应用和创新绩效正相关，知识的整合与应用程度越高，创新绩效也越高；反之，创新绩效越低	不支持
$H3a$：生产性服务企业与合作伙伴信任程度与知识获取与共享程度具有正相关性。信任程度越高，知识获取与共享程度越高；反之，信任程度越低，知识获取与共享程度越低	支持
$H3b$：生产性服务企业与合作伙伴信任程度与知识转移与吸收度具有正相关性。信任程度越高，知识转移与吸收程度越高；反之，信任程度越低，知识转移与吸收程度越低	支持
$H3c$：生产性服务企业与合作伙伴信任程度与知识整合与应用程度具有正相关性。信任程度越高，知识整合与应用程度越高；反之，信任程度越低，知识整合与应用程度越低	支持
$H4a$：生产性服务企业与合作伙伴资源共享程度与知识获取与共享程度具有正相关性。资源共享程度越高，知识获取与共享程度越高；反之，资源共享程度越低，知识获取与共享程度越低	支持
$H4b$：生产性服务企业与合作伙伴资源共享程度与知识转移与吸收程度具有正相关性。资源共享程度越高，知识转移与吸收程度越高；反之，资源共享程度越低，知识转移与吸收程度越低	支持
$H4c$：生产性服务企业与合作伙伴资源共享程度与知识整合与应用程度具有正相关性。资源共享程度越高，知识整合与应用程度越高；反之，资源共享程度越低，知识整合与应用程度越低	支持
$H5a$：生产性服务企业与合作伙伴的联结强度与知识获取与共享程度具有正相关性。强联结程度越高，知识获取与共享程度越高；反之，强联结程度越低，知识获取与共享程度越低	不支持
$H5b$：生产性服务企业与合作伙伴的联结强度与知识转移与吸收程度具有正相关性。强联结程度越高，知识转移与吸收程度越高；反之，强联结程度越低，知识转移与吸收程度越低	不支持
$H5c$：生产性服务企业与合作伙伴的联结强度与知识整合与应用程度具有正相关性。强联结程度越高，知识整合与应用程度越高；反之，强联结程度越低，知识整合与应用程度越低	不支持

第七节　实证分析结论

一、嵌入性关系与创新绩效具有显著正相关性

本研究假设生产性服务企业与制造业企业间的嵌入性关系对组织创新绩效正相关。这一假设从理论分析和实证检验两个层面都得到支持。

实证分析结果显示，生产性服务企业与制造企业间嵌入性关系中，信任维、资源维、联结维三个子维度对组织创新绩效均具有正相关关系，说明二者间的信任程度、异质性资源，以及相互关系的联结强度对提高组织创新绩效有正向的促进作用。研究假设 $H1$、$H1a$、$H1b$、$H1c$ 得到检验支持。

因此，为了提高创新绩效，应当鼓励生产性服务企业与制造企业建立起相互信任的合作关系，企业之间实现异质性资源共享，并保持密切的联结关系。

二、组织间学习的中介调节作用

本研究以组织间学习作为中介变量，提出组织间学习对于加强嵌入性关系对创新绩效起到正向影响的研究假设。回归分析结果显示，嵌入性关系中信任维、资源维通过组织间学习这一中介变量，对创新绩效产生显著的正向影响，这说明企业间相互信任和异质性资源的分享，促进了知识的获取与共享（KAS）、转移与吸收（KTA）及整合与应用（KIA），进而提高了创新绩效；故研究假设 $H2a$、$H2b$ 得到支持。因此，生产性服务企业与制造企业间通过提高信任程度和异质性资源共享，可以增进组织间学习水平，进而提高创新绩效。

另外，本研究提出企业间强联结有助于提高组织间学习效果的研究假设。然而研究结果显示，组织间学习在嵌入性关系的联结维（强联结）与创新绩效之间的中介作用并不显著，故假设 $H2c$ 没有得到支持。这一结论可以结合社会资本理论进一步分析。在社会资本理论中，关于企业间的强联结还是弱联结有

助于组织学习效果的提高存在不同观点。以格兰诺维特为代表的学者，认为企业间的弱联结关系对创新网络的知识转移有促进作用。在具有弱联结的社会网络中，网络成员具有更广泛的多样性，从而不被固定的角色所限制，更容易进行探索式学习。有学者(Yang et al., 2011)认为，弱联结下，组织因受到更少的系统制约而具有更强的适应性，有助于企业间异质性知识的吸收。通过弱联结，组织既可以在网络中占据有利的搜寻位置，又可以避免因束缚过紧而可能产生的组织僵化等不利影响，有助于实现知识转移，提高组织间学习绩效。本研究结果不支持组织间学习在强联结与创新绩效间的中介作用，从某种意义上正契合了弱联结更有助于提高组织间学习效果，进而提高创新绩效的观点。相较于强联结，弱联结被认为其在非正式的网络结构和交流渠道，对促进隐性知识传递具有更显著的作用。生产性服务企业与制造企业之间建立起非正式的交流渠道，鼓励不同企业员工间的交流等，将更加有助于提高组织学习效果，进而提高创新绩效。

三、生产性服务创新推动制造业升级

由于生产性服务是为制造业服务的中间部门，二者存在相互依赖的协同演进关系。产业链分工的本质是基于知识的分工（芮明杰，2018）；因而生产性服务创新最核心的问题，就体现在如何促进知识分工、共享和创新，从而总结出能有效推动制造业升级的生产性服务创新模式。

生产性服务是制造业生产率得以提高的前提和基础，没有发达的生产性服务业，很难形成具有较强竞争力的制造业部门。当前，在世界经济由"制造型经济"向"服务型经济"的转变中，生产性服务业促进了各产业的融合，加速推动传统制造业向先进制造业转化，从而成为经济增长方式优化的内在动力。国外成熟发展经验表明，生产性服务是制造业转型升级的助推器，在促进产业发展方面发挥着重要作用；然而，我国生产性服务整体创新水平不足，对制造业发展的支撑效应尚未充分显现。在进一步加快经济增长方式转变，推动产业升级的背景下，探索生产性服务的创新，促进生产性服务业与制造业的协同发展刻不容缓。本研究发现，生产性服务企业与制造业企业之间的相互信任、异

质性资源共享及企业之间的联结关系，将对新知识获取具有更大的促进作用。这个结论对于进一步总结生产性服务的创新模式，进而推动制造业升级，具有积极的理论与实践意义。

本章小结

基于理论模型，本章对生产性服务创新绩效的影响因素展开实证调研。研究发现，在具有产业链嵌入性关系的企业中，信任维、资源维、联结维三个子维度对组织创新绩效均具有正相关关系，说明信任程度、异质性资源、相互关系的联结强度对提高组织创新绩效有正向的促进作用；组织间学习作为嵌入性关系和创新绩效的中介变量起着调节作用，企业间相互信任和异质性资源的分享，促进了知识的获取与共享、转移与吸收及整合与应用，进而提高了创新绩效。这一研究结论说明：第一，为了提高创新绩效，应当鼓励生产性服务企业与制造企业建立起相互信任的合作关系，企业之间实现异质性资源共享，并保持密切的联结关系；第二，生产性服务企业与制造企业间通过提高信任程度和异质性资源共享，可以增进组织间学习水平，进而提高创新绩效；第三，相较于正式的交流渠道，生产性服务企业与制造业企业之间的非正式交流渠道，更加有助于提高组织学习效果，进而提高创新绩效。

第七章 政策分析与建议

第一节 政府角色定位与政策设计逻辑思路

一、制定科学的生产性服务业发展政策导向

改革开放以来,我国第三产业增加值逐年增长。自2013年以来,我国第三产业得到迅猛发展,其总产值和GDP占比两大指标均超过第二产业,反映出"服务经济"对国民经济的重要性不断提升,一场深刻的"服务革命"已经到来。

国家对服务业发展的重视程度也与日俱增。特别是国务院2014年出台的《关于加快发展生产性服务业促进产业结构调整升级的指导意见》(国发〔2014〕26号),提出了未来我国发展生产性服务业的目标原则和重点突破的领域。与此同时,各地方政府也纷纷制定生产性服务业发展规划,出台重点支持的生产性服务业领域指导意见。2019年,为更好地发挥标准化推进生产性服务业转型升级、高质量发展的技术支撑作用,市场监管总局、国家发展改革委、科技部、工业和信息化部等九部门联合印发了《生产性服务业标准化三年行动计划(2019—2021年)》,以标准化为抓手,形成需求引领、企业主体、政产学研共同推进的标准研制、应用推广、持续改进的标准化工作机制,推进生产性服务业标准体系逐步完善,有效支撑生产性服务业高质量发展。

然而,纵观各地方政府关于生产性服务业的支持政策,以下几个方面的问

题值得引起注意。

（一）"生产导向"与"服务导向"在政策制定中的兼容性问题

长期以来，我国很多地方政府设立"工业园区""招商引资上项目"等，围绕生产制造安排政策成为政策制定的主导思路。尽管国家已经从战略高度明确强调了发展生产性服务业，提出了"扩内需、调结构、稳增长、促就业"的重要性，然而地方政府在政策设计和理念上短期内难以转变到位。具体表现为两大倾向：一是用"抓工业项目"的策略和措施发展服务业项目，期望通过一批服务业项目的快速上马实现服务业 GDP 短期迅速提高；二是工业项目和服务业项目在资源和政策支持方面存在利益争夺和此消彼长的情况，例如土地政策、财税政策和要素价格等方面地方政府在政策制定上左右为难，难以实现工业项目和服务业项目齐头推进。

（二）地方发展生产性服务业的产业选择问题

由于对生产性服务业的重视和研究开展的时间不长，在我国长期以第二产业为主导的发展背景下，地方政府和决策制定者对服务业的理解和关注程度不够，特别是对生产性服务业的特点、影响要素、发展所需的产业基础和政策环境等等的认识还不够深刻。

在国家提出鼓励发展与先进制造业相匹配的研发技术、设计创意、现代物流等高端生产性服务业的战略思路下，一些地方政府对当地产业发展实际缺乏调研和分析，盲目上马生产性服务项目，一时间"软件园""物流园""创意园"匆匆上马，成为地方新一轮"圈地运动"的标志。然而，服务业本身有其发展的内在规律，需要一定的产业要素和支撑，其发育与形成需要以经济发达程度为基础。在不同阶段，生产性服务业生长所需的外部环境是不一样的。

因此，地方政府在规划重点支持的生产性服务业领域时，需要考虑两个基本问题：其一，哪一类服务业对于本地制造业及关联产业，或是具有直接的促进作用，或是形成直接的产业链支撑。例如，对于劳动力密集的制造业集聚区，当地亟需发展的可能是物流、信息平台，而不是研发技术和创意设计；其二，本地拥有怎样的产业环境和产业要素（例如人力资源优势），可以用来支持某一类生产性服务业的发展。由于服务与制造环节的可分割性,某些生产性服务可以脱离制造业而实现全国范围内布局。例如,研发设计、品牌营销等等可以实现更广地域范围的比较优势产业布局,这就需要地方政府在确定本地区重点扶持发展的生产性服务业时,要对本地区的产业要素进行调研分析,尊重生产性服务业成长的内生规律,基于本地区资源要素的比较优势,以形成具有比较优势的现代生产性服务业集聚区。

二、明确政府角色定位

根据前文研究,价值链集成商主导下的生产性服务创新推动制造业升级模式,是企业发展内生需要和产业发展外部动力共同作用下的结果。一方面,关键厂商自身发展要求培育核心竞争力,通过核心业务的发展实现对产业链资源的整合和优化配置而逐步成为价值链集成商;另一方面,分工深化形成不同价值段的厂商为了更好地融入产业链迫切需要价值链集成商的引导,从而更好地实现资源能力与产业链需求的匹配。因此,价值链集成商主导的产业升级,既能避免政府主导模式的不均衡,又可以一定程度上减小分散自组织模式的长周期和低效率问题,在推动产业升级方面,不仅更加符合经济规律,并且具有较高的运行效率,是符合我国产业发展现实条件的切实可行的模式。为此,需要在政策层面出台相关政策措施,加快价值链集成商的培育。

在培育价值链集成商的过程中,政府的角色定位是"引导者"和"推进者"。价值链集成商的形成,是生产性服务业和制造业产业链分工形成与演进的结果,而不是政府强制介入和干预的结果;因此,政府应创造有助于价值链集成商成长和发展的政策环境,发挥"引导者"和"推进者"的作用,而并非"拉郎配"式地直接采取介入产业发展的强制措施。

三、厘清政策设计的逻辑思路

生产性服务与制造业的价值链嵌入关系形成相互依存、融合发展的产业态势,政府作为产业升级的"推进者",应该充分尊重市场规律和产业发展的内生性要求。一方面，优化顶层设计，从宏观层面深化价格、财税、金融、知识产权等方面的改革，营造有利于生产性服务业发展的外部环境，促进经济增长方式转变，实现"自上而下"的优化。另一方面，结合地方产业发展实际，扶持有潜力的价值集成商，通过产业自身发展带动生产性服务业对传统制造业的升级改造，实现"自下而上"的发展；在此基础上，集中政策和资源创造重点产业的价值链集成商所需的外部条件，形成"孤峰效应"，实现产业突破。

根据这一逻辑思路，政策设计的主要内容包括三个方面（见图7-1）：一是为发展生产性服务业创造有利的外部环境；二是引导生产性服务业对传统制造业实现升级改造；三是集中资源优势实现产业突破。下面将围绕这三个方面展开论述。

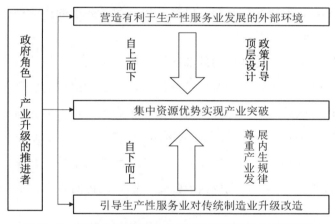

图7-1 推进生产性服务业发展的政策设计逻辑思路

第二节 优化生产性服务业发展的顶层设计

一、发挥制度优势构建新型产业创新机制

生产性服务创新驱动制造业高质量发展必须关注世界科技发展前沿趋势，勇攀科学技术制高点。为在新一轮技术革命中实现"弯道超车"，取得某些领域突破性创新优势,应该根据技术窗口型机遇动态配置创新资源。在这个过程中,应充分发挥我国的制度优势,集中优势资源,打造突破关键核心技术的创新生态体系,为生产性服务创新创造良好的环境,实现创新突围。

长期以来,我国的生产性服务业走的是技术引进、技术模仿到技术创新的发展路径。然而随着我国创新成果不断向着高价值附加值的产业环节迈进,在当前国际政治经济形势日趋复杂的背景下,必将受到技术领先发达国家的技术封锁和限制。在新发展格局下,我国应不断探索技术创新的制度性优势,积极参与国际科技竞争。特别是,应抓住国际上新旧范式转换的关键阶段,充分重视生产性服务创新性革命带来的战略赶超机遇,着力构建企业、科研机构、政府"三位一体"的创新推进机制,发挥企业技术创新的主体作用,构建科研院所新型创新平台,形成优势互补、风险共担、利益共享的产学研合作机制,构建良性互动的创新生态系统。

生产性服务创新需要良好的外部环境土壤。条块分割的管理体制,会限制生产性服务的创新;水平化的宽松管理体制,会激发组织的创新活力,刺激创新行为的涌现。因此,政府应减少对市场和企业经营行为的直接管制,大力发挥行业协会组织的产业协调功能,从区域角度梳理生产性服务业中的关键领域、薄弱环节、新兴产业和新型业态,有针对性地给予扶持政策,刺激服务企业的创新动力,针对不同情况放松或强化管制,发挥对生产性服务企业的创新引导作用。

二、重视创新基础设施建设与投入

生产性服务业发展初期需要大量的资金投入,例如,技术信息服务业需要配套基础设施,研发设计业需要高质量的人力资本、先进的研发设备和产业集聚。政府对发展生产性服务业的重视和投入会引导社会资金的投入和流向,对生产性服务业发展起到良性刺激作用。

(一)打造国家级创新平台

由于我国生产性服务存在较为突出的区域不平衡,创新空间的锁定效应比较明显，国家整体产业创新系统的效能尚未全面激活。我国应充分发挥在基础设施建设和平台共享机制方面的制度优势，加强生产性服务业某些关键领域的技术创新支撑体系建设，打造国家级创新平台。加强技术创新支撑体系建设，实现生产性服务业价值链集成商和科研院所的优势互补，开展关键核心技术研究和产业化应用示范。构建以技术创新为核心，推动产业内新知识的产生、转移、共享和转化，促进企业创新能力的形成和转化。

（二）采取积极的财政措施

在基础设施、研发平台、仪器设备等涉及公共服务的领域，可以通过积极的财政政策和措施，为生产性服务业的发展创造良好环境和发展支撑。

其一，要合理加强研发公共平台、大型试验设备仪器等生产性服务平台设施方面的财政投入。通过财政投入和社会投资加强道路、研发、网络等基础设施和基础性服务建设，为生产性服务业快速发展提供重要支撑。在基础设施建设方面，要避免重复建设，促进基础设施在不同行政地区、企事业主体单位之间的共享，避免条块分割带来的资源配置低效率，进一步降低生产性服务企业成本压力，使其有更多的资金可以投入到创新活动中。

其二，要加强对信息网络的投入，构建公共信息平台。市场交易行为中的信息不对称，会增加企业达成交易的信息搜寻成本；中介组织、信息平台机构等主体，有助于促进各方信息交流，降低寻找合适的合作伙伴而产生的交易费用。因此，政府应该加强行业市场和信息平台的培育和投入，构建技术产权市场平台、产权交易所、知识产权交易所等，促进发展生产性服务各类要素市场的平台建设。

（三）重视基础创新的人才培育和引进机制

重视生产性服务业人才培育和开发力度，鼓励设计、创意等创新型人才发展，探索建立产学研合作培养人才的新机制，推动生产性服务业所需要的专业课程在高等教育体系中的设置，并引导专业培训机构开展贴近实践的岗位职业培训，全面提高生产性服务业从业人员的业务素质和专业水平。加强政府引导，及时发布各类人才需求导向等信息。支持生产性服务业创新团队培养，建立创新发展服务平台。研究促进设计、创意人才队伍建设的措施办法，鼓励创新型人才发展。建设大型专业人才服务平台，增强人才供需衔接。

三、推进刺激生产性服务业发展的税收政策

税收政策作为政府调节市场经济的有效手段，被很多国家采用以刺激特定产业的发展。许多发达国家实施了税收优惠政策，以改善生产性服务业发展环境。例如：2007年以来，韩国财政部加大对服务业的税收、融资扶持，降低服务业办公用不动产的交易税，延长服务业临时投资减税期限，等等；美国、英国等通过财税刺激政策鼓励企业增加研发投入。近20年，美国服务业研发经费投入的平均增长率高于其他行业2倍；英国生产性服务业研发投入经费高于制造业研发投入经费4倍以上。我国应进一步发挥税收政策对促进生产性服务业发展的调节作用，为研发创新、人才集聚创造有利的政策环境。

（一）服务制造业发展，发挥税收政策调节生产性服务业创新的作用

生产性服务业是制造业的中间投入环节，是能够创造附加价值的特殊服务业。2016年5月我国全面推开"营改增"试点，大部分生产性服务业均被纳入"营改增"范围。各地在征收管理方面需要悉心加强对中小企业的缴纳指导，合理减轻生产性服务企业税赋。优化所得税调控方式，充分利用间接税收优惠在激励企业发展发面的调节机制。例如：对研发类企业的研发成本提高加计扣除的比例和范围，对其采购或自建的用于研发和生产的技术设备、建筑物加速折旧和摊销；对配套制造业升级的生产性服务业项目，允许扩大固定资产加速折旧的范围，等等。

（二）不断动态优化税收优惠政策，刺激高技术企业发展

为贯彻落实创新驱动发展策略，财政部、国家税务总局出台了一系列支持科技创新、助力"双创"企业的财税政策，例如完善固定资产加速折旧政策、扩大企业研发费用加计扣除范围等。为更好地支持高新技术企业和科技型中小企业发展，我国主管部门应动态优化相关政策，加大对财税政策宣导、简化报

批手续，发挥财税政策的创新投入调节作用。此外，在促进生产性服务企业发展方面，应改变传统单靠"输血"的财政补贴政策。政府补贴应主要投入基础设施运营和研发、教育等基础服务，对于竞争性领域的投入应鼓励和引导社会资金的广泛参与。此外，在生产性服务企业设备改造换代和技术升级方面，可以通过采购补贴的形式进行。例如：设定企业购置先进设备、专利技术方面的支出补贴比例，鼓励企业提高中间服务的技术含量，实现对制造业的拉动。

（三）完善人力资本相关的税收调节机制

政府应鼓励企业不断提高人力资本培育的投入水平，提高科技型人才的薪酬待遇，从而为生产性服务企业集聚人才创造良好的外部环境。例如，可以适度提高职工教育培训经费在税前扣除的限额，按照企业研发投入或营业收入准予按比例扣除，鼓励企业不断提高人力资源质量。

（四）通过税收制度提高金融投资和高科技企业风险自主防范能力

某些生产性服务企业属于高风险行业，例如金融投资行业具有投资的高风险性、科技研发企业存在研发成果创新和转化的不确定性，企业的经营风险较大。应允许科技研发企业税前按照一定比例提取研发风险准备金，增强自主研发创新的风险防范能力。

四、建立公平的市场管理体系

建立全国统一的市场体系，形成公平竞争的发展环境是我国新一轮改革的重要组成部分。2013年7月23日，习近平同志在武汉主持召开部分省市负责人座谈会，征求对全面深化改革的意见和建议并作了重要讲话。他从六个方面提出了全面深化改革需要深入调查研究的重大问题，其中第一点就是"建立全国统一的市场体系，形成公平竞争的发展环境"。2016年国务院印发《关于在市场体系建设中建立公平竞争审查制度的意见》（国发〔2016〕34号）指出："公平竞争是市场经济的基本原则，是市场机制高效运行的重要基础。"建立公平的市场竞争环节有助于更好地发挥生产性服务业的资源配置和中间服务作用。优化市场管理体系的核心是构建完善的法律体系和行政管理体系,并培育发达的行业协会。

随着我国经济体制改革不断深化,全国统一市场基本形成,公平竞争环境逐步建立;地方保护、行业壁垒、企业垄断、违法给予优惠政策或不当减损市场主体利益等危害公平竞争的现象总体上得到了有效治理。为扩大改革开放成果,维护市场公平竞争环境,需要在以下三方面进一步深化落实。

(一)依法依规加强生产性服务业知识产权保护

知识产权是创新成果的重要形式,有力的知识产权保障对于鼓励创新具有重要意义。政府和司法部门在加强知识产权综合执法,加大对侵犯知识产权的打击力度,维护市场秩序,保护创新积极性的基础上,要力求做到:(1)减少个人或企业在保护知识产权方面的成本,让企业创新减少后顾之忧;(2)鼓励生产性服务业企业创造自主知识产权,加强对服务模式、服务内容等创新的保护;(3)加快数字版权保护技术研发和数字化版权服务平台的推广使用。目前,我国上海、浙江、重庆等地分别推出"著作权版权保护平台""鹊凿数字版权服务平台""微版权知识版权保护平台",对加强国家版权保护和监管,扩大知识产权基础信息资源共享范围,促进知识产权协同创新具有积极意义。

(二)加强行业组织建设

行业协会是介于司法、行政管制和企业自我约束的中间治理方式,发挥着行业缓冲器和耦合器的作用。行业协会为政府制定政策法规和产业规划提供智力支持,同时还在规范市场竞争秩序、促进行业内部交流、集聚专业人才等方面发挥着重要的作用。在给予企业充分的创新空间的同时,行业协会通过行业自律和声誉激励等手段营造诚信、守法的市场环境。出于在产业链长期发展的需要,企业往往非常重视口碑、信誉等"声誉资产",特别是对于法律和行政法规的真空地带,行业协会在规范企业经营行为方面具有高度的灵活性,发挥着重要的协调作用。法律、政府、协会组织共同发挥互为补充的协调作用,推动生产性服务业协同竞争的市场结构,培育成熟的专业服务市场体系。

（三）健全政府采购机制，兼顾公平效应

政府购买作为财政政策的手段之一，可以直接增加对生产性服务业的总需求，加速企业资金周转，对优势和潜力企业起到扶持和鼓励作用。以《中华人民共和国政府采购法》为基础，地方政府明确规划生产性服务业的政府采购对象，从而对行业发展起到一定支持作用。在产业选择上，应注重对本国优势企业的采购和扶持，特别是对于生产性服务业中的知识技术密集型产业，需要较高的创新和研发投入，开发风险较大、研发成果市场化不确定性强的产业，要加强政府采购力度，对推动社会生产力进步、知识含量高、创新能力强的部门，形成促进生产性服务业发展系统的、有步骤的采购规划；此外，政府采购应遵从市场规律，建立公平公正公开的竞投标机制并设定科学合理的采购限额，避免政府采购滋生地方保护主义和垄断，抑制企业创新活力。

五、加快生产性服务业标准化体系研发创新

当下技术创新的竞争已经成为技术标准的竞争。我国应充分认识到标准对生产性服务业的引领作用，围绕重点产业领域，推进技术标准的研发创新，并积极开展产业链标准化合作。

由于生产性服务业具有服务产品"后验性"的特点，在使用后才能对服务质量进行评估，为了提高生产性服务企业的质量标准，加强服务保障，优化服务供给水平，发挥生产性服务标准体系的支撑保障尤为必要。

目前，我国技术服务标准化体系已经初步形成，对研发设计类企业的技术合作和技术产品创新，起到了规范和引导作用。标准化越来越成为服务业提高发展质量、培育优势品牌和提升竞争力的一项重大基础工程，健全服务业标准化体系，推进生产性服务标准化，已成为促进生产性服务业与制造业协同发展的重要因素。

（一）制定服务业标准化体系建设规划

面向行业实际需要，我国应加强重点生产性服务业的标准化建设，健全服

务业标准化体系，提升国家标准、地方标准、行业标准、企业标准、团体标准的制修订，加强生产性服务业试点工作推进，鼓励试点单位通过标准化建设发挥示范引领作用。政府在标准化建设中应发挥政策引导作用，推动服务业标准化与行业发展相衔接。在具体工作中，应发挥各部门、各行业的主体作用，完善服务业标准化协调配合机制，以标准化促进优势服务品牌的培育。

（二）引导核心企业参与标准化制定工作

生产性服务标准化的目的是提升专业化水平，从而更好地服务制造企业。企业是产品或服务标准的使用主体，政府及行业组织应充分认识到企业在服务业标准化中所做的贡献，鼓励企业，特别是行业龙头企业在服务标准化的研制中发挥作用。完善标准化信息服务平台建设，加强标准查新、标准文本传递等信息服务，各行业标准化委员会等机构通过标准评估、执行监管等服务，不断强化标准化建设对生产性服务的技术支撑和保障。

（三）提高标准化建设的政府投入

地方政府层面应加大对生产性服务业标准化建设的经费投入，在生产性服务业的各个领域成立标准化专项资金，鼓励社会资本广泛参与标准制定、信息平台建设，加强全行业对标准化工作重要性的认知和践行。

第三节　引导生产性服务业对传统制造业的升级改造

在制造业升级过程中，应充分发挥生产性服务业系统整合和专业化市场的作用。

系统整合是指通过生产性服务在核心价值链环节的深化服务系统，提升制造业的核心竞争力，其目的在于通过加强研发设计、采购物流、市场营销等领域的创新能力，对传统制造业的核心价值进行重构，依托智能化、专业化的系统整合，加快制造业的战略转型和核心竞争力培育；专业化市场是指发挥生产性服务的专业化人力资本、技术及平台作用，提升制造业综合竞争力，其目的在于通过电子商务、互联网金融、融资租赁、跨境电商服务等手段，构建智能化、现代化、信息化的市场交易平台，为传统的市场服务赋予新的内涵，提升我国制造业企业销售渠道、品牌管理、物流服务、投融资体系等方面的综合竞争力。

在培育生产性服务业的系统整合和专业化市场服务两项能力的过程中，首先，需要引导生产性服务业从制造业逐步剥离，形成专业化服务的产业领域；其次，要鼓励本土生产性服务业向价值链高端发展，提升专业化服务能力；再次，要推动本土生产性服务业对接全球价值链，在国际价值链分工重构中寻找产业机会；最后，要加强制造企业与生产性服务业的协同互动，发挥生产性服务业的系统整合作用。

一、促进生产性服务从制造业剥离

制造业企业剥离生产性服务，主要通过以下两种途径：一是具有比较优势的生产性服务环节，可以考虑将这些业务剥离后形成独立的法人企业，作为第三方专业化服务提供商。例如，安吉天地汽车物流公司就是从上汽大众中剥离出来，作为独立的第三方汽车物流提供商向全社会提供汽车物流服务；另一个是将非核心且不具有比较优势的薄弱服务环节进行外包，通过市场机制交付专业化的生产性服务商来完成，从而提高规模效益，企业在降低成本的同时也促进了第三方生产性服务市场的发展。

在制造业企业通过市场的方式将生产性服务外包的过程中，地方政府可以配合企业发展需要，进一步做好政策引导和配套保障服务。

第一，剥离后的生产性服务企业实行社会化运作，符合《关于加快发展生产性服务业促进产业结构调整升级的指导意见》（国发〔2014〕26号）中明确提出的重点发展的生产性服务行业给予税收优惠和相关政策扶持。

第二，分离后设立的属于研发技术、创意设计等经认定为高科技企业的，按税法规定享受相应的优惠政策；属于国家或地方特色或重点生产性服务产业的进一步给予税收优惠及其他政策扶持；此外，在计税方式方面，为开发新产品、新技术、新工艺的研发费用应按照无形资产进行扣除或摊销。

第三，鼓励制造业企业分离后新设立的生产性服务业企业，或者专业的社会化服务业企业，通过兼并、联合、重组、控股等形式，整合行业和产业链，做大规模，做强实力，提高生产性服务业的集聚化水平。

第四，对于剥离业务导致的人员下岗等，政府可以通过积极拓宽再就业渠道、大力扶持创办服务业企业、努力完善职工社会保障体系，提供良好的再就业环境。

二、积极应对全球价值链重构

全球价值链发展和重构不仅发生在生产领域，更广泛地拓展到服务领域。我国要提升在全球价值链上的地位，离不开构建全球服务价值链。从制造业开放的经验看，推进服务业开放和服务贸易自由化，不但有助于利用国际优质服务提升我国制造业竞争力，而且有助于我国服务资源进入国际市场，参与整合全球价值链，在国际服务贸易发展中获益。

在全球价值链重构的背景下，鼓励本土企业积极融入全球价值链分工体系，对外承接生产性服务项目。在以服务业转移为代表的全球新一轮产业转移过程中，各地方政府可以根据本地区资源和产业现状有选择性地通过政策引导形成生产性服务业的集聚，发挥集聚效应。例如，软件开发、数据存储与信息处理、财会核算、工业设计、生物医药研发等，扩大具有比较优势的服务贸易规模。

在融入全球价值链的过程中，鼓励本土生产性服务企业通过多种渠道的合作方式，学习相关领域国内外先进经验，引导设立中外合资或中外合作的技术研发中心，提高技术合作的层次和水平。

三、鼓励重点领域向价值链高端延伸

在我国不断推动制造业高质量发展的过程中，亟需发挥高端生产性服务企业的支撑带动作用，因此应鼓励本土生产性服务企业开发高端服务产品，在某些高技术领域的核心技术或关键部件研发设计、制造企业的信息化解决方案与系统化集成方案设计、基于现代物联网和互联网的供应链管理技术等方面形成创新突破。

(一) 构建高端生产性服务企业认证体系，发挥标准引领作用

在政策引导方面，应依据生产性服务企业的技术含量和价值链重要程度进行认证，对制造业升级改造具有重要意义的高端生产性服务业给予重点扶持。各地区应在《关于加快发展生产性服务业促进产业结构调整升级的指导意见》（国发〔2014〕26号）提出的生产性服务业11个重点领域的基础上，结合本地制造业产业优势和发展导向，进一步出台地方政策，形成符合本地区需要的高端生产性服务业认证体系，给予那些真正从事高端生产性服务的企业，以引导资金投入和税收政策优惠，支持其从事技术创新、品牌培育、项目示范及成果转化，以切实体现生产性服务业推动制造业升级的政策优惠目的和意图。

(二) 鼓励本土生产性服务企业通过资本运作实现做大做强

促进金融资本与技术创新结合，鼓励优势生产性服务企业通过资本运作手段实现跨地区、跨行业的兼并重组，做大规模、做强竞争力；发展社会融资渠道，鼓励生产性服务业企业使用股权质押、知识产权质押、上市增发、信用贷款、小额信贷等多种融资手段。探索技术与金融结合的发展渠道，鼓励生产性服务价值链集成商中有实力的企业设立企业创投基金；鼓励具有一定竞争优势的本土生产性服务企业参与跨国制造企业的生产性服务外包竞标，形成产业拉动效应。

(三) 创新科研成果评价和转化机制

科技成果转化是实现创新驱动发展的根本路径，中共十九届四中全会明确提出，"支持大中小企业和各类主体融通创新，创新促进科技成果转化机制，积极发展新动能"。我国应不断探索创新成果激励机制，支持生产性服务创新成果产业化。

第一，要进一步深化科技成果权属、转化收益分配等制度改革，健全以价值为导向的成果转化激励机制，激发成果转化主体活力，鼓励科研人员和团队运用创新成果创业，通过职务发明创造由单位和职务发明人共同所有的方式，调动科研人员积极性，支持其向众创空间和产业基地集聚。

第二，要拓展技术股与现金股相结合的科技成果转化激励机制。转制院所和事业单位在推进科技成果转化过程中，应允许管理人员、科研人员以"技术股＋现金股"组合形式持有股权，与孵化企业"捆绑"形成利益共同体，从而提升科技成果转化效率和成功率。

第三，要强化对中小生产性服务企业中高技术创新企业的引导和服务。特别是对于有重大技术创新挑战的领域，可以通过政府公共服务平台加强对科技信息和成果转化过程的对接和辅导，让技术和成果在一线转化。

四、加强制造企业与生产性服务企业的协同

生产性服务业是全球产业竞争的战略制高点，更是振兴实体经济的"新动能"。为全面提升我国生产性服务业发展水平，重塑产业链、供应链和价值链，支撑我国从制造大国迈向制造强国，应推动形成"生产性服务与生产制造协同发展"的产业新生态。生产性服务业包含的产业门类众多，要打破各自孤立发展的局面，应用好互联网的时代元素，以"搭平台、建生态"的思维，建设"开放、共享、共生、连接"的生产性服务业公共服务平台，整合物流、信息流、资金流，推动生产性服务业协同发展，系统地服务制造业转型升级。

深度专业化分工条件下，制造业与生产性服务业的协同互动，需要有效的信息交互系统和公共知识平台来承载和传递相关信息。生产性服务创新需要在一定的知识平台和创新环境支撑中实现组织间学习和创新资源共享，政府等公共管理部门应通过各种措施刺激和推动生产性服务的公共知识平台与创新网络的建立。行业内部及跨行业的创新网络，能够帮助生产性服务企业更加方便地获取信息和知识，从而对创新过程进行更好的管理和组织，提高创新效率；因此，加强信息交互系统和公共信息平台建设十分重要。由于知识具有较强的外部溢出性，公共信息平台具有较强的公共物品特征，由具体企业承担信息交互平台建设既不利于信息和知识传播的广泛性，导致信息交互平台的低效率，又

造成市场资源的分散和浪费；因此，政府或行业组织应该牵头搭建公共信息平台，使不同企业可以通过公共信息平台检索相关信息，实现信息共享。

具体而言，公共信息平台可以依托于该行业大型企业或行业协会，其表现形式可以包括技术信息平台、交易信息平台、物流信息平台、支付信息平台、认证信息交换与集成平台等，支持产业链上的电子商务、现代物流服务及相关业务系统与信息资源的综合集成与业务协同，并逐步将各专业性信息交互平台与信息化网络实现对接，提高平台运作效率和产业协同水平，提高生产性服务的专业化综合服务能力。

此外，创新知识和理念对于生产性服务创新活动越来越重要，政府应推动基础性的"公共知识库"的建立，促进知识和理念的共享和传播。公共知识库具有多种传播形式，例如出版物、互联网、专门性知识机构等。

在公共信息平台建设方面，上海市的发展经验值得参考借鉴。目前上海市已经建立了一些专业性的信息交互平台，如上海市制造业信息化公共服务平台、上海研发公共服务平台、上海市数字内容公共服务平台、软件公共技术服务平台等。这些平台建设通过信息共享、资源共享、知识共享，极大地降低了行业交易、技术研发等成本。地方政府可以参考上海建设公共信息平台的成功经验，围绕本地区制造业转型升级的需要，结合生产性服务业的特色优势，加强相关领域公共信息平台建设，并进一步开发现有平台的技术模块，完善服务功能。

第四节 集中优势资源实现产业突破

一、提升生产性服务的区域创新浓度

结合制造业升级方面，需要有选择性地聚焦生产性服务领域。发挥产业集聚的规模经济和范围经济优势，促进产业融合。发挥产业集聚效应，鼓励地区结合自身优势形成特色产业集群，通过产业集群发挥对关联产业的辐射带动作用；推动制造业与生产性服务业的产业融合，通过产业融合不断实现两个产业

的互动,并不断拓宽产业外延。

结合产业发展现状,地方政府需要有针对性地规划本地重点产业和主导产业,聚焦生产性服务的具体培育领域,结合本地资源与产业优势,选择培育与制造业升级关系最为密切的生产性服务业类别,以嵌入全球价值链为目标打造具有国际知名度的生产性服务品牌。在优势生产性服务业形成"孤峰效应"后,将会带动其他生产性服务的成长。

结合我国制造业升级需要,本研究选取了六大类与制造业发展最为密切的生产性服务业,提出了可以重点突破的生产性服务领域,并对相应配套产业环境需求和重点发展地区提出建议,如表7-1所示。

在我国提出自主创新,建设创新型国家的总体战略以来,全国范围内逐渐形成了由国家创新中心城市、国家自主创新示范区、国家高新技术产业园区等网络化的创新区域空间结构。然而总体来看,这些创新空间在区域布局上并没有完全基于产业分工和产业间的互动协同,结构趋同、盲目上马、重复建设的情况时有发生;而缺乏地区产业协同效应的产业空间集聚很难发挥创新凝聚效应,造成产业技术创新孤岛现象。因此,在充分评估本区域产业基础和资源能力的基础上,地方政府应重点培育与制造业升级密切相关的生产性服务业,集中优势资源、配套支持政策,形成对本地制造业最切实有效的支持和带动;此外,对于本地不具有优势的生产性服务业,应加强区域交流与合作,主动吸引外部具有比较优势的生产性服务企业进入,从准备政策层面给予扶持和协助,打破条块分割和地域歧视,以推动制造业升级为目标,实现资源最优配置。

二、促进生产性服务空间集聚

生产性服务集聚区是集约化发展现代服务业的重要载体。适度的产业集聚,可以实现基础设施共享,并通过人力资本的流动实现知识有效转移,形成创新要素的集聚。特别是基于成员对声誉的考虑,集群内部的文化氛围更加诚信、互助,有利于实现创新。因此,政府应发挥统筹规划和政策引导作用,培育现代服务业集群,促进生产性服务业发挥支撑制造业发展的作用,推动两个产业的融合与匹配。

表7-1 生产性服务业培育重点及其建议区域

生产性服务类别	重点培育领域	培育目标	发展所需的外部产业环境	重点地区
研发设计	1. 软件开发与外包服务； 2. 新材料、新技术研发； 3. 工业设计； 4. 生物医药领域新药研发、临床试验等	1. 提高研发设计的知识与技术含量，对接国际产业转移与服务外包需求； 2. 通过"中国设计"提高"中国制造"的价值附加值水平	1. 完善的知识产权交易和中介服务体系、高效的研发设计交易市场； 2. 形成市场指导下创新成果的评价机制，加快研发设计创新转化速度和力度	技术创意人才集聚区，例如：北上广深、东部沿海一、二线城市，以及中西部中心城市
现代物流	1. 现代物流技术与信息配送的信息化、智能化服务； 2. 现代物流仓储管理	1. 依托高技术和现代管理手段提高物流企业配送的信息化、智能化、精准化水平，重点推进云计算、物联网、北斗导航及地理信息等技术在物流智能化管理方面的应用； 2. 发展专业化、社会化第三方物流集成服务，提高物流企业市场集中度，实现集约化发展； 3. 建设培育具有较强服务能力和辐射半径的生产服务型物流园区和配送中心	1. 提高物流行业标准化水平，推进标准化设施设备、运输包装等的普遍应用； 2. 加强制造业与物流业的联动和协同； 3. 促进多种交通物流方式的高效衔接，实施统一规范的交通管理政策和便利政策	水、陆、空交通枢纽城市
信息技术	1. 云计算、物联网、无线通信、智能技术； 2. 网络安全与信息维护； 3. 大数据、信息处理与存储； 4. 信息技术集成解决方案	1. 积极运用物联网、云计算等高新技术，为制造业智能化、柔性化和服务化改造提供技术支持； 2. 提高信息技术咨询设计、集成实施、运行维护、测试评估和信息安全服务水平，面向制造业应用提供系统解决方案，促进工业产业流程再造和优化； 3. 加强制造业与信息技术服务业的融合，提高企业间知识学习水平	1. 打破地区、行业和部门分割，支持信息服务企业面向行业和社会提供专业化服务； 2. 建设面向制造业重点行业的知识库建设、打造信息平台； 3. 加强信息和网络安全环境建设	IT技术人才集聚区

续表

生产性服务类别	重点培育领域	培育目标	发展所需的外部产业环境	重点地区
电子商务服务	1. 大宗原材料网上交易、工业产品网上定制服务； 2. 移动电子商务； 3. 服务全球制造业的行业垂直电子商务平台； 4. 集成"一站式"电子商务集成解决方案	1. 服务制造企业，实现大宗原材料网上交易、工业产品网上定制，上下游关联企业协同发展； 2. 发展移动电子商务，推动电子商务及其上下游关联领域延伸； 3. 以融入全球价值链为目标，建设面向跨境贸易的电子商务平台； 4. 加强现代物流、金融业等对接，配套储运中心建设和终端物流服务，完善支付服务，满足制造业集成化电子商务需求	1. 规范第三方电子商务综合服务平台发展，推进服务标准化建设； 2. 推进适应电子合同、电子发票和电子签名发展的制度保障与法律服务； 3. 完善的电子商务交易保障与法律服务； 4. 加强网络基础设施建设和电子商务信用体系、统计监测体系建设	具有良好技术基础、金融服务基础的商务服务集聚区
节能环保服务	1. 第三方节能环保专业服务； 2. 企业定制化"一站式"解决方案	1. 培育第三方节能环保服务体系，包括节能减排投融资、产品认证、能效评估等工程设计、清洁生产审核、能源审计、能效评估等； 2. 培育专业化环保服务提供商，为制造企业提供定制式环保解决方案等； 3. 创新环保服务模式，通过"合同能源管理"等模式为制造企业节能增效	1. 健全节能环保法规和标准体系，对制造企业加强监管； 2. 建设环保节能专业市场交易平台，包括合同能源管理、排污权交易、废弃物逆向物流交易等； 3. 健全物料流通的信息化统计与管理系统	制造业集聚区、工业园区、生产制造加工区等集聚区
商务咨询与中介服务	1. 管理咨询服务； 2. 技术咨询服务； 3. 金融法务咨询服务； 4. 人力资源服务	1. 通过专业化战略规划、管理咨询等促进制造业提升产业素质； 2. 为制造企业提供工程咨询、测试评价等专业化技术咨询服务，集成实施，提升专业化运作水平； 3. 提供资产评估、会计、审计、税务、知识产权咨询、法律服务等，优化制造企业管理水平； 4. 满足制造企业、生产性服务企业所需专业人才的供给与培训	1. 健全商务咨询服务的职业评价制度和信用管理体系，加强执业培训和行业自律； 2. 开展多种形式的国际合作，推动商务咨询服务国际化发展； 3. 营造尊重人才、有利于优秀人才脱颖而出和充分发挥作用的社会环境，建设各类专业化人才供需交流平台	根据地方产业能级大小，应培育不同规模的商务服务集聚区

相较于工业项目的产业集聚，我国在生产性服务业集聚区建设方面还不完善，在园区发展中应该注意工业项目与生产性服务项目的差异化。对生产性服务集聚区而言，需特别重视引导进入集聚区的企业增强本土根植性和上下游产业关联，培育有利于各类创新要素集聚成长的制度环境。

围绕制造业升级需要，合理布局地方生产性服务业类别与重点发展领域，为制造业产业链提供有力支撑，促进产业集聚。从资源与能力的角度出发，地方政府需要对制造业升级所需的生产性服务业类别与领域进行调研和规划，实施地方培育、外部引进、内外协作等分类指导的发展模式，切实为制造业升级提供有效支撑。

(一) 地方培育

地方培育模式发展生产性服务业有两种具体情况。

1. 高端生产性服务培育

在本地具备技术人才以及产业资源优势的前提下，应将此类生产性服务业规划为国家和地方政府重点支持的产业领域，其发展目标是为国内外制造企业提供具有行业领先技术和服务水平的生产性服务。例如上海的生物医药研发、软件研发、港口物流、信息服务等产业，政府可以进一步集中政策力量，扶持有实力的核心企业朝价值链集成商的方向发展。

2. 本地化的生产性服务培育

此类生产性服务企业的主要服务对象是本地制造业企业及其相关产业。由于某些产品或中间服务的特殊性，某些生产性服务环节由本地服务商提供会形成更好的服务效果和更高的资源配置效率。这需要地方政府调研本地制造企业所需要的生产性服务类型，对于本地具备发展条件且能够形成比较优势的，在政策上予以重点支持。

(二) 外部引进

外部引进是指本地生产性服务企业不能满足制造业升级需要，制造业企业需要同本地以外的生产性服务商建立联系与合作的模式。外部引进的生产性服务商，往往具有更高的技术水平、更好的品牌和服务、更大的网络效应，能够更有效地发挥对制造业的支撑作用。对于地方政府而言，一方面需要积极为此类企业营造良好的市场环境，消除地域性歧视政策，根据具体情况适度给予财政、土地、价格等配套优惠政策，引导其更好地与制造业匹配发展；另一方面更需要通过政策手段扶持、引导本地生产性服务业做好周边服务配套，在发展中壮大自己的实力，并逐步形成产业集聚，更好地发挥促进制造业转型升级的作用。

（三）内外协作

内外协作的生产性服务业发展模式，是指本地生产性服务企业与外部行业领先的企业合作，吸收外部先进技术和成熟发展经验，不断提高本地生产性服务企业的内涵和竞争力，从而更好地服务于制造业的发展模式。具体协作方式可以有战略合作联盟、合资企业、战略合作伙伴等多种形式。有效的组织间学习是提高本企业知识含量的重要手段，政府应构建有助于组织间学习与合作的市场环境、法律环境，规避知识交易与共享的机会主义行为，为合作的深化创造有利的外部环境，促进外部知识的流入，从而提升本地生产性服务企业的整体素质和产业水平。

表7-2详细列出了地方培育生产性服务可以实施的三种模式，分析了不同模式下生产性服务的培育目标和政策支持。

表7-2　培育生产性服务集聚的三种模式

发展方式	培育目标	地方产业基础与配套资源	政策支持
地方培育	高端化：代表国内外领先水平，从全球范围内为制造企业提供具有行业领先技术和服务水平的生产性服务	1. 本地具备技术与人才资源优势，具有较为成熟的该领域生产性服务业发展基础；2. 具备向本地以外的制造企业输出服务的能力	培育具有国际视野的生产性服务商需要地方政府结合制造业升级目标予以重点财政支持和政策引导
	本地化：以服务本地制造企业为目标的生产性服务企业。符合产业集聚需要；熟悉地方资源环境与运作特点的服务商，能够提供即时性与现场性服务	1. 具备较为成熟的产业链结构和产业部门；2. 符合条件的人力资源	以服务本地制造企业为目标，政府应加强财税政策、土地政策和人才服务等的配套和服务，发挥本地生产性服务企业的地域优势

续表

发展方式	培育目标	地方产业基础与配套资源	政策支持
外部引进	1. 本地目前不具备的高技术、高知识含量，具有产业引领服务水平的生产性服务； 2. 具有强大网络效应的生产性服务； 3. 外地已经发展成熟且形成品牌与技术优势的服务	为引进的生产性服务企业提供周边服务配套	1. 宽松的准入政策； 2. 消除地方歧视，取消差别化税费标准
内外协作	1. 既具有较强专业化水平又熟悉本地产业环境的服务商； 2. 借助外部专业化力量发展本地产业，实现对制造业更好的支撑服务	1. 本地生产性服务业具有一定的技术人才基础，能够实现对接与合作； 2. 完善的周边服务配套	1. 提供企业间合作和知识共享的市场和法律环境； 2. 打造有利于知识创新的平台

三、发挥优势生产性服务业的"孤峰效应"

"孤峰效应"是指当某一产品或产业具有高附加值、高技术含量、高性能或低成本等特点与优势，就能产生巨大的磁吸作用，吸引市场或相关要素的集聚，不仅本企业实现快速发展，也带动相关企业或产业的发展进步。

目前，发达国家中第三产业的总产值普遍达到国内生产总值的70%以上，特别是第三产业中生产性服务业的增长速度要高于平均增速。在新的竞争环境中，企业依托研发设计、品牌营销等生产性服务业构筑的领先优势形成了对全球产业价值链的整合和重构，不仅提高了全球的资源配置效率，更是将产业竞争提升到以知识为内涵的竞争高度。当前，全球经济呈现服务化发展趋势，生产性服务业领域也面临更加激烈的竞争。

生产性服务业的领域宽、范围广，政策引导扶持上需要选择影响力大、辐射作用强、对制造业升级密切相关的重点领域，通过推动重点领域的发展带动生产性服务业全面发展和社会三次产业结构优化。因此，我国各地方政府在规划本地区重点支持的生产性服务业时,要充分考虑优势产业的"孤峰效应",政策和资源向重点产业领域的核心企业倾斜,在打造优势产业的基础上,带动产业链其他产业的发展。

第八章 结论与展望

第一节 研究结论

当前,我国正处于利用生产性服务业促进制造业转型升级的关键时期。为在新一轮技术革命中实现"弯道超车",取得某些领域突破性创新优势,应该根据技术窗口型机遇动态配置创新资源,实现生产性服务创新驱动制造业高质量发展。

本书对生产性服务业的创新问题进行了研究。基于"文献研究—理论剖析—模型构建—实证分析—政策建议"的逻辑思路,深入分析了生产性服务业的内涵特征、基于产业链嵌入关系的创新模型、创新的支撑体系和影响因素、生产性服务创新推动制造业升级的模式与路径、政策建议和制度安排等问题,就生产性服务创新推动制造业升级问题进行了较为清晰和完整的阐述。相关结论主要有以下几个方面。

一、生产性服务创新的本质是产业链知识协同和集成

生产性服务为制造业提供中间投入,是制造业得以顺利开展的重要支撑和保障,具有极强的产业链上下游嵌入关系,并在与制造业的互动发展中实现创新。

知识的协同与集成是生产性服务与制造业互动发展的核心内容。创新活动

的产出，无论是新的技术理论、新的产品系统、新的服务流程，抑或服务传递机制的改进，本质上都属于知识的范畴；而这些知识的转移、共享和创新，需要产业链上下游成员的协同促进和整合集成才能够实现。

因此，从这个意义上说，生产性服务创新不仅仅是生产性服务企业的个体行为，而且应该理解为产业链上具有嵌入关系的制造企业和生产性服务企业之间知识的协同和集成过程，其本质可以归结为基于产业链嵌入关系的知识创新。

二、发挥价值链集成商在产业升级中的主导力量

从创新的角度看，生产性服务企业与制造业企业之间的合作是一个协同与集成的过程。这些企业在各自独立创新的基础上，通过技术层面、组织层面，乃至战略层面的合作与交流实现创新集成。集成创新强调成员之间的合作、交流与互动。本研究把集成创新定义为"在价值链集成商的主导下，不同企业之间通过协作实现整体效果最优化"的创新方式。生产性服务嵌入制造业价值链，在价值链集成商的主导下形成基于嵌入关系的集成创新模式，称为"生产性服务价值链集成商主导的制造业升级模型"。该模型描述了生产性服务嵌入制造业价值链，通过价值链集成商主导的集成创新，最终推动产业升级的基本过程，这一过程大致可以分为四个阶段。第一阶段，某些生产性服务从制造业生产环节中分离，通过价值链嵌入形成产业链；第二阶段，产业链上各成员通过独立创新提高自身产品或服务的竞争力，并通过协同合作提高创新速度，只有最优秀的成员或合作组织才能得到被价值链集成商选择的机会；第三阶段，价值链集成商通过成员选择实现创新集成，创造出新产品、新服务，推动某些价值链环节的升级；第四阶段，通过资源配置优化，促进生产性服务与制造业价值链环节的深度融合，实现产业升级。

在这四个阶段中，存在三种不同类型的创新：一是独立创新，无论是价值链集成商为了保持其核心竞争力，还是产业链上的其他成员为了构建其产品或服务的竞争优势从而获得被价值链集成商选择的机会，都需要独自开展创新；二是协同创新，价值链集成商与具有前后向产业关联的成员之间开展知识共享和协同创新，从而提高创新的绩效；三是集成创新，价值链集成商在同类成员

中选择最优创新成果，进行创新集成，从而实现整个价值链创新绩效最大化。可见，在创新和产业升级过程中，价值链集成商充当了"找出路径"者的角色。

三、生产性服务创新推动制造业升级的四种重要路径

本研究对美国、韩国、印度、以色列发展生产性服务业的国际经验进行比较，在理论研究的基础上提出生产性服务价值链集成商主导的产业升级模式。价值链集成商通过在产业链创新资源的选择和集成实现价值链创新绩效的最大化，成为产业升级的主导力量。在此基础上结合每一领域的经典案例，深入阐述了价值链集成商主导模式下实现产业升级的四种主要实施路径，即研发设计生产性服务商主导推动的产业升级、品牌与渠道生产性服务商推动的产业升级、平台服务商推动的产业升级，以及供应链生产性服务集成商推动的产业升级，并针对我国现阶段制造业和生产性服务业重点发展的方向进行了匹配研究，提出了不同制造业领域借助生产性服务创新实现产业升级的路径建议。本研究得出的结论对于生产性服务企业和制造业升级方向的模式与路径匹配，具有一定的借鉴价值。

四、生产性服务创新绩效的关键影响因素

基于理论模型对生产性服务创新绩效的影响因素展开实证调研，研究发现，在具有产业链嵌入性关系的企业中，信任维、资源维、联结维三个子维度对组织创新绩效均具有正相关关系，说明信任程度、异质性资源及相互关系的联结强度对提高组织创新绩效有正向的促进作用；组织间学习作为嵌入性关系和创新绩效的中介变量起到调节作用，企业间相互信任和异质性资源的分享促进了知识的获取与共享、转移与吸收及整合与应用，进而提高了创新绩效。这一研究结论说明：（1）为了提高创新绩效，应当鼓励生产性服务企业与制造企业建立起相互信任的合作关系，企业之间实现异质性资源共享，并保持密切的联结关系；（2）生产性服务企业与制造企业间通过提高信任程度和异质性资源共享可以增进组织间学习水平，进而提高创新绩效；（3）相较于正式的交流渠

道，生产性服务企业与制造企业之间的非正式交流渠道，更加有助于提高组织学习效果，进而提高创新绩效。

五、政府是生产性服务创新推动产业升级的推进者和引导者

我国正面临着推进现代制造业高质量发展的重要转折时期，生产性服务将在制造业转型升级中承担重要作用。政府作为产业升级的"推进者"，应该充分尊重市场规律和产业发展的内生性要求。一方面，优化顶层设计，从宏观层面持续深化价格、财税、金融、知识产权等方面的改革，营造有利于生产性服务业发展的外部环境，促进经济增长方式转变，实现"自上而下"的优化；另一方面，结合地方产业发展实际，扶持生产性服务商，特别是有潜力的价值链集成商的发展，引导生产性服务业对传统制造业实现升级改造，实现"自下而上"的发展；在此基础上，集中政策和行业资源创造重点产业的价值链集成商所需的外部条件，形成"孤峰效应"，实现产业突破。

第二节 研究展望

未来五至十年，我国面临着由工业大国走向服务业大国的发展趋势，这种转变也是促进经济转型升级的目标。

生产性服务业的快速发展是实现"中国制造"向"中国智造"产业升级中的关键环节。当前，以互联网、能源革命及制造业信息化为重要特征的工业变革方兴未艾，在大数据和信息化时代，制造业转型升级越来越呈现出全球化、智能化和服务化的特点，特别是高端制造业的发展更加需要与现代服务融合匹配、相互支撑。未来几年，如果不加快推动生产性服务业创新发展，就难以实现支撑制造业高质量发展的战略要求。

与此同时，生产制造方式本身正在经历快速变革，模块化制造、工业大数据、人工智能、工业物联网和互联网等新技术革命，都在彻底改变制造业分工方式和产业格局。在新的产业环境下研究生产性服务业创新问题，以下几个领域值得进行更加持续而深入的探讨。

一、生产性服务业推动产业结构调整和产业布局优化

未来我国将持续淘汰一批落后产能，并在空间结构上加快产业有序转移，发挥产业集聚的辐射带动，避免落后产能在空间上进行简单平移。在这个过程中，要以产业转型升级需求为导向，发挥生产性服务在推动产业升级中的作用。特别是对国家提出的节能环保、新兴信息产业、生物产业、新能源、新能源汽车、高端装备制造业和新材料等战略性新兴产业，要进行生产性服务业支撑战略性新兴产业的前瞻性和专题性研究。

二、防止生产性服务业走上重复建设之路

生产性服务业中的相当一部分属于知识密集型行业，具有规模报酬递增的特性。这一特性决定了这类企业的边际成本随着客户数量的增加而快速降低，从而获得更加丰厚的经济回报来支撑创新服务的进一步提升。此外，某些生产性服务类型并不受地域限制，可以实现全球范围的资源配置。因此，重复建设或市场分割等阻碍市场一体化的行为将会限制生产性服务的规模效应，造成区域间生产性服务发展的新一轮"圈地运动"和资源浪费。在区域发展战略协调上，除了考虑工业布局的区域间优化，还应重视生产性服务业的区域发展协调问题，形成不同地区间生产性服务业的差异化竞争和比较优势，进而发挥其规模经济的优势。

三、提升生产性服务业中民营企业的创新实力

服务业已经成为三次产业中占 GDP 比重最大、吸纳就业最多的行业，并吸纳了大量的民营资本。然而，当前我国现行的财税政策、要素价格政策等都存在诸多不利于民营企业发展的制度，相当一部分民营企业在技术基础、吸纳

人才等方面还存在诸多劣势，一定程度上抑制了民营企业的整体创新能力。应开展以发挥民营经济在生产性服务业领域创新作用为主题的研究，发现现行政策制度中不利于生产性服务业民营企业发展的各种体制和政策障碍，从而刺激民营企业的创新能力。

总体而言，中国生产性服务业处于快速发展的成长期，实践中出现的很多新问题亟待理论层面的解答和剖析。在资料收集、数据分析、理论归纳等诸多方面需要不断面对新的研究挑战，以下几个方面有待在未来的研究中取得突破。

第一，获取高质量的调研样本，开展更广泛的实证研究。本研究以具体企业为实证研究对象，需要被访者对企业的情况较为了解才能反馈高质量的问卷，获取大样本的访谈和问卷具有较大难度，今后有待开展更大样本数量的调研。此外，由于样本的产业分布不够聚焦，实证研究反映的是产业的总体概括性特征，对于不同类型的制造业企业，生产性服务创新绩效更加具体的影响因素有待在后续研究中进一步探讨和甄别。

第二，进一步归纳不同类型产业链中生产性服务创新推动制造业升级的内在机制并进行理论抽象。我国制造业的总体发展水平不均衡，既有以高科技含量和现代管理手段为特征的先进制造业，也有低知识含量及资源耗散型生产方式的传统制造业。虽然生产性服务创新对于促进两类制造业升级都有重要意义，然而在不同情况下，生产性服务所发挥作用的途径和方式存在差异。在后续研究中，可以进一步区分不同的制造业类型，提出相应的产业升级对策。

参考文献

一、中文文献

陈宪,黄建锋.2004.分工、互动与融合:服务业与制造业关系演进的实证研究[C]//第二届(2004年度)上海市社会科学界学术年会文集(中).上海:上海市社会科学界联合会:14.

陈晓峰.2017.长三角城市群生产性服务业与制造业协同集聚研究[J].区域经济评论(1):89-96.

程大中.2008.中国生产性服务业的水平、结构及影响:基于投入-产出法的国际比较研究[J].经济研究(1):76-88.

程中华,李廉水,刘军.2017.生产性服务业集聚对工业效率提升的空间外溢效应[J].科学学研究,35(3):364-371.

楚明钦,刘志彪.2014.装备制造业规模、交易成本与生产性服务外化[J].财经研究,40(7):108-118.

楚岩枫,郝鹏飞.2019.开放式创新下合作型研发外包中知识转移的激励研究:基于演化博弈模型[J].科技管理研究,39(5):143-151.

崔日晓,王娟茹,张渝.2019.组织间学习与绿色创新:绿色吸收能力的调节作用[J].技术经济,38(10):4-12.

丹·塞诺,索尔·辛格.2010.创业的国度:以色列经济奇迹的启示[M].王跃红,韩君宜,译.北京:中信出版社.

冯泰文.2009.生产性服务业的发展对制造业效率的影响:以交易成本和制造成本为中介变量[J].数量经济技术经济研究(3):56-65.

何骏.2010.中国生产性服务业发展的路径拓展与模式创新[J].商业经济与管理(1):76-83.

黄毅敏,齐二石.2015.工业工程视角下中国制造业发展困境与路径[J].科学学与科学技术管理,36(4):85-94.

顾乃华.2005.我国服务业对工业发展外溢效应的理论和实证分析[J].统计研究(12)：9-13.

吉亚辉,甘丽娟.2015.中国城市生产性服务业与制造业协同集聚的测度及影响因素[J].中国科技论坛(12)：64-68.

简兆权,伍卓深.2011.制造业服务化的路径选择研究：基于微笑曲线理论的观点[J].科学学与科学技术管理,32(12)：137-143.

江小涓,李辉.2004.服务业与中国经济：相关性和加快增长的潜力[J].经济研究(1)：4-15.

李纲,陈静静,杨雪.2017.网络能力、知识获取与企业服务创新绩效的关系研究：网络规模的调节作用[J].管理评论(2)：59-68.

李佳洺,孙铁山,张文忠.2014.中国生产性服务业空间集聚特征与模式研究：基于地级市的实证分析[J].地理科学,34(4)：385-393.

李善同,高传胜,薛澜.2008.中国生产者服务业发展与制造业升级[M].上海：上海三联书店.

李文,李云鹤.2013.生产性服务业的质与量对制造业的溢出效应研究：来自OECD国家的随机前沿方法的分析[J].产业经济研究(2)：48-55.

李晓阳,吴彦艳,王雅林.2010.基于比较优势和企业能力理论视角的产业升级路径选择研究：以我国汽车产业为例[J].北京交通大学学报(社会科学版),9(2)：23-27.

梁琦,陆剑宝.2014.传统制造业集群的生产性服务需求：广东、山西两地4个制造业集群样本的考察[J].管理评论,26(11)：169-181.

蔺雷,吴贵生.2006.服务创新[M].北京：清华大学出版社.

刘明宇,芮明杰,姚凯.2010.生产性服务价值链嵌入与制造业升级的协同演进关系研究[J].中国工业经济(8)：66-75.

刘明宇,张琰.2013.制造业协同创新的网络化治理机制与产业升级对策[J].社会科学(4)：52-58.

刘军跃,王敏,李军锋,等.2014.生产性服务业集聚研究综述[J].重庆理工大学学报(社会科学)(7)：34-39.

龙静,吕四海.2006.基于网络视角的企业知识创造与管理[J].科学学与科学技术管理(7)：87-92.

路红艳.2009.生产性服务与制造业结构升级：基于产业互动、融合的视角[J].财贸经济(9)：126-131.

罗建强,彭永涛,张银萍.2014.面向服务型制造的制造企业服务创新模式研究[J].当代财经(12):67-76.

迈克尔·波特.2001.竞争战略[M].陈小悦,译.北京:华夏出版社.

裴长洪,彭磊.2008.中国服务业与服务贸易[M].北京:社会科学文献出版社.

芮明杰.2018.构建现代产业体系的战略思路、目标与路径[J].中国工业经济(9):24-40.

芮明杰,张琰.2009.产业创新战略:基于网络状产业链内知识创新平台的研究[M].上海:上海财经大学出版社.

沈飞,吴解生,陈寿雨.2013.生产性服务业对制造业集聚、竞争力提升的影响及两产业耦合关联的实证研究[J].技术经济,32(11):50-56.

苏晶蕾,陈明,银成钺.2018.生产性服务业集聚对制造业升级影响的机理研究[J].税务与经济(2):41-47.

孙林岩,李刚,江志斌,等.2007.21世纪的先进制造模式:服务型制造[J].中国机械工程,18(19):2307-2312.

孙晓华,翟钰,秦川.2014.生产性服务业带动了制造业发展吗?:基于动态两部门模型的再检验[J].产业经济研究(1):23-30.

谭云清.2017.关系机制、契约机制对提供商知识获取的影响[J].科研管理,38(2):35-43.

唐东波.2013.市场规模、交易成本与垂直专业化分工:来自中国工业行业的证据[J].金融研究(5):181-193.

汪延明,杜龙政.2010.基于关联偏差的产业链治理研究[J].中国软科学(7):184-192.

王永贵,刘菲.2019.信任有助于提升创新绩效吗:基于B2B背景的理论探讨与实证分析[J].中国工业经济(12):152-170.

王永贵,马双.2018.服务外包中创新能力的测量、提升与绩效影响研究[C]//中国企业改革发展优秀成果(第二届)上卷.北京:中国企业改革与发展研究会:23.

魏江,BODEN,等.2004.知识密集型服务业与创新[M].北京:科学出版社.

魏江,徐蕾.2014.知识网络双重嵌入、知识整合与集群企业创新能力[J].管理科学学报(2):35-47.

温超,陈彪.2019.创业学习,创业战略与新企业竞争优势[J].外国经济与管理,41(9):139-152.

吴绍波,顾新.2014.战略性新兴产业创新生态系统协同创新的治理模式选择研究[J].

研究与发展管理,26(1):13-21.

吴也白.2015.创新孵化需要发挥市场的决定性作用:以上海"创新工场"为例[J].科学发展(3):72-75.

席艳乐,李芊蕾.2013.长三角地区生产性服务业与制造业互动关系的实证研究:基于联立方程模型的GMM方法[J].宏观经济研究(1):91-99.

夏沁芳.2008.生产性服务业与大都市产业结构调整关系的实证研究[J].统计研究(12):101-102.

宣烨,余泳泽.2014.生产性服务业层级分工对制造业效率提升的影响:基于长三角地区38城市的经验分析[J].产业经济研究(3):1-10.

严任远.2010.生产性服务业的发展与制造业升级的互动关系研究:基于浙江宁波的实例分析[J].工业技术经济,29(6):82-86.

杨德祥,侯艳君,张惠琴.2017.社会资本对企业员工创新行为的影响:知识共享和信任的中介效应[J].科技进步与对策,34(20):139-146.

俞舟.2014.基于声誉模型的产学研联盟稳定性研究[J].科技管理研究,34(9):161-165.

喻登科,严红玲.2018.核心竞争力与竞争优势形成路径:知识资本与组织性格整合视角的解释[J].科技进步与对策,36(1):122-131.

臧维,赵联东,徐磊,等.2019.团队跨界行为、知识整合能力与团队创造力[J].管理学报,16(7):120-128.

詹志方.2018.渠道网络嵌入性对合作创新绩效的作用机制:以关系学习、双元能力为中介变量[J].经济经纬,35(1):115-121.

张瑾,陈丽珍,陈海波.2011.长三角地区生产性服务业的产业关联比较研究[J].中国科技论坛(3):42-48.

张曼茵,陈亮辉.2013.产业创新的国际比较及其启示[J].重庆社会科学(10):78-86.

张文红,张骁,翁智明.2010.制造企业如何获得服务创新的知识?:服务中介机构的作用[J].管理世界(10):122-134.

张琰,芮明杰,刘明宇.2012.生产性服务外部化的内生动因、制约因素与发展对策:基于分工与交易费用视角的研究[J].经济与管理研究(3):39-45.

张振刚,陈志明,胡琪玲.2014.生产性服务业对制造业效率提升的影响研究[J].科研管理,35(1):130-137.

郑休休,赵忠秀.2018.生产性服务中间投入对制造业出口的影响:基于全球价值链视角[J].国际贸易问题,4(8):52-65.

周静.2015.生产性服务业的发展模式研究[J].上海经济研究(1):50-58.

二、外文文献

BARRAS R. 1990. Interactive innovation in financial and business services: the vanguard of the service revolution [J]. Research Policy, 19: 215-237.

BILDERBEEK R, DEN HERTOG P, MARKLUND G, et al. 1998. Service innovation: knowledge intensive business service as co-producers of innovation [R]. SI4S Paper 3.

BILLINGS B. JOHNSON B. 2016. Agglomeration within an urban area[J]. Journal of Urban Economics, 91(C): 13-25.

BROWNING H L, SINGELMANN J. 1975. The emergence of a service society: demographic and sociological aspects of the sectoral transformation of the labor force in the U. S. A. [M]. Springfield: National Technical Information Service.

CEBALLOS G, FANGMEYER J, GALEANO N, et al. 2017. Impelling research productivity and impact through collaboration: a scientometric case study of knowledge management[J]. Knowledge Management Research & Practice, 15(3): 346-355.

CHOUDHARY A K, HARDING J A, TIWARI M K, et al. 2019. Knowledge management based collaboration moderator services to support SMEs in virtual organizations[J]. Production Planning and Control, 30(10-12): 951-970.

DEN HERTOG P, BILDERBEEK R. 2009. Conceptualizing service innovation and service innovation patterns [J]. Science and Public Affairs, 154(8): 112-141.

DHANARAJ C, BEAMISH P W. 2004. Effect of equity ownership on the survival of international joint ventures [J]. Strategic Management Journal, 25(3): 295-305.

DYER J, NOBEOKA K. 2000. Creating and managing a high-performance knowledge sharing network: the Toyota case [J]. Strategic Management Journal, 21: 345-367.

FANG W, YENIYURT S, KIM D, et al. 2006. The impact of information technology on supply chain capabilities and firm performance: a resource-based view[J]. Industrial Marketing Management, 35(4): 493-504.

GRANOVETTER M. 1985. Economic action and social structure: the problem of embeddedness [J]. American Journal of Sociology, 91(11): 481-510.

GUERRIERI P, MELICIANI V. 2005. The interdependence between manufacturing and producer services, structural change and economic dynamics [J]. Technology and International Competitiveness, 16(2): 489-500.

HUGGINS R, THOMPSON P. 2017. Entrepreneurial networks and open innovation: the role of strategic and embedded ties[J]. Industry & Innovation, 24: 1-33.

JEREZ-GÓMEZ, CÉSPEDES-LORENTE, VALLE-CABRERA. 2005. Organizational learning and compensation strategies: evidence from the spanish chemical industry [J]. Human Resource Management, 44(3): 279-299.

LÖÖF H, NABAVI P, JOHANSSON B. 2012. How can firm benefit from access to knowledge-intensive producer services? [J]. Working Paper Series in Economics and Institutions of Innovation 283, Royal Institute of Technology, CESIS.

KADARUSMAN Y, NADVI K. 2013. Competitiveness and technological upgrading in global value chains: evidence from the Indonesian electronics and garment sectors[J]. European Planning Studies, 21(7): 1007-1028.

KINDSTRÖM D. 2010. Towards a service-based business model: key aspects for future competitive advantage [J]. European Management Journal: 468-486.

KAPLINSKY R, MORRIS M. 2002. Understanding upgrading using value chain analysis [R]. A Handbook for Value Chain Research, Paper for IDRC.

LAY G, COPANI G, JAGER A, et al. 2010. The Relevance of service in European manufacturing industries [J]. Journal of Service Management, 21(5): 715-726.

LIA X. 2011. Upgrading of China's manufacturing industry: two-sector analysis based on the facilitation of producer services [J]. Procedia Environmental Sciences, 10: 307-312.

LIN L, WU G S. 2013. Service competition, firm performance and resource allocation in manufacturing: evidence from firm-level data in China [J]. International Journal of Innovation and Technology Management, 10(4): 1-40.

LUNDVALL R. 1992. National systems of innovation: towards a theory of innovation and interactive learning [M]. London: Printer Publishers.

MACPHERSON A. 2008. Producer service linkages and industrial innovation: results of a twelve-year tracking study of New York state manufacturers [J]. Growth and Change, 39(1): 1-23.

MARAVILHAS S, MARTINS J. 2019. Strategic knowledge management in a digital environment: tacit and explicit knowledge in Fab Labs[J]. Journal of Business Research, 94: 353-359.

POLANYI K. 1957. The economy as instituted process [A]. Trade and Market in the Early Empires. New York: MacMillan Pub Co.

RHEE M. 2004. Network updating and exploratory learning environment [J]. Journal of Management Studies, 41(6): 933-949.

TAN A R, MATZEN D, MCALOONE T C, et al. 2010. Strategies for designing and developing services for manufacturing firms [J]. CIRP Journal of Manufacturing Science and Technology, 4(3): 285-292.

UZZI B, LANCASTER R. 2003. Relational embeddedness and learning: the case of bank loan managers and their clients [J]. Management Science, 49(4): 383-399.

VAN WIJK R, JUSTIN J, LYLES M A. 2008. Inter- and intra- organizational knowledge transfer: a meta-analytic review and assessment of its antecedents and consequences [J]. Journal of Management Studies, 45(4): 830-853.

WILLIAMSON O E. 1987. New Institutional Economics [M]. London: Palgrave Macmillan.

YANG Z L, ZHOU C, JIANG L. 2011. When do formal control and trust matter? a context-based analysis of the effects on marketing channel relationships in China [J]. Industrial Marketing Management, 40(1): 86-96.